JN015124

使徒的勧告

愛するアマゾン

教皇フランシスコ

FRANCISCI

SUMMI PONTIFICIS

ADHORTATIO APOSTOLICA

POST-SYNODALIS

QUERIDA AMAZONIA

カトリック中央協議会

目次

装丁　桂川潤

教皇フランシスコ　使徒的勧告　愛するアマゾン

神の民と、善意あるすべての人へ

1　愛するアマゾンは、その輝き、ドラマ、神秘のすべてをもって、世界に姿を示しています。神はそれを、十月六日から二十七日にローマで開催され、「アマゾン、教会と総合的な（インテグラル）エコロジーのための新たな歩み」と題する最終文書をもって終了した世界代表司教会議（シノドス）で、集中的に考察する恵みを与えてくださいました。

本勧告の意義

2　わたしは、シノドスでの討議を拝聴し、分団会の報告書に興味深く目を通しました。本勧告をもって、この対話と識別の歩みからの、わたしなりのこたえを伝えようと思います。最終文書で存分に表明された種々の問題のすべてを、ここで詳述はしません。それに取って代わるつもりも、それを繰り返すつもりもありません。わたしの望みはただ、考察のための端的な枠組みを提示することです。過去の文書ですでに言及してきた、アマゾンの現実における憂慮すべきいくつかの深刻なことがらの概括を具体的に示し、それによりシノドスの歩み全体の、調和的で創造的な、成果ある受容を促し導きたいのです。

3　同時にわたしは、その最終文書を公式に発表したいと思います。シノドスの総括が示されたその文書には、アマゾンの抱える問題にわたしや教皇庁の職員よりも精通した、多くの人の協力が反映されています。彼らこそ、そこで暮らし、そこで苦しみ、アマゾンを熱い心で愛しているからです。本勧告では、最終文書からの引用は控えました。皆さんには、それを始めから終わりまで通して読んでいただきたいからです。

4　願わくは、教会全体がこの作業を通して豊かにされ、自らの課題として引き受けることができますように。アマゾン地域の司牧者、奉献生活者、信徒が、その実現に邁進（まいしん）できますように。すべての善意の人が、何らかの刺激を受けますように。

アマゾンに抱く夢

5　アマゾンは、相互に結ばれた多数の国で成る総体、ブラジル、ボリビア、コロンビア、エクアドル、ガイアナ、ペルー、スリナム、ベネズエラ、フランス領ギアナの九か国に共有された、壮大な生物群系です。ですがわたしは、この勧告を全世界にあてでしたためています。そうするのは、一方では、「わたしたちのもの」でもあるこの土地に対する愛情と憂慮とを呼び起こすのを助け、その土地への賛美と、聖なる神秘としての認識に招くためです。他方では、この地域の問題に教会が注目することで、それぞれ独自の課題を突きつけられている地球上の他の地域にも刺激となるような、忘れてはならないいくつかのテーマを、手短にでも振り返らせるためです。

6　教会が差し出すものは必ず、世界の各地で独自のかたちで受肉されるはずです。つまり、キリストの花嫁は、くみ尽くせぬ恵みの豊かさをよりいっそう表すさまざまな表情をもつはずです。説く教えは受肉されるべきであり、霊性は受肉されるべきであり、教会組織は受肉されるべきです。そのために、この短い勧告で、アマゾンから創意をかき立てられた四つの大きな夢について、あえて述べさせていただきたいと思います。

7　わたしの夢見るアマゾンは、もっとも貧しい人、先住民族、最底辺に置かれた人の権利のために闘うアマゾンです。彼らの声が聞き届けられ、尊厳が擁護される地です。

わたしの夢見るアマゾンは、傑出した文化の豊かさを守るアマゾンです。人間の美がさまざまに輝く地です。

わたしの夢見るアマゾンは、その地を彩る圧倒的自然美を、川と熱帯雨林を満たすむせ返るほどのいのちを、大事に世話するアマゾンです。

わたしの夢見るキリスト教共同体は、教会にアマゾンの色を帯びた新たな表情を与えるまでに、アマゾンに身をささげ、アマゾンを血肉とする共同体です。

第一章　社会の夢

8　わたしたちの夢は、その地の住人を漏らさず組み入れ、盛り立て、そうして彼らが「よい生活」を確立できるようにと願う、アマゾンの夢です。しかし、もっとも貧しい人のための預言的な叫びと、懸命な社会活動が必要です。アマゾンは生態学的災害に直面していますが、強調しておかなければならないのは、「真のエコロジカルなアプローチは、つねに社会的なアプローチになるということ、すなわち、大地の叫びと貧しい人の叫びの双方に耳を傾けるために、環境についての討論の中に正義を取り入れなければならない(1)」ということです。「生物群系の心配をする一方、アマゾンの諸民族を無視する(2)」ような自然保護は、何の役にも立ちません。

不正義と犯罪

9　かつても今も、合法非合法を問わず伐採や採掘の拡大は続き、先住民、川辺に暮らす人々、アフリカ系の人々を追放し隔離してきた植民地建設者の利害関心は、天へと向かう嘆きの叫びを引き起こしています。

「あまたの木々がある
そこには拷問が巣食った
そして、広大な森は
幾千もの殺戮(さつりく)で買い取られた[3]」。

「材木商は議員を擁し
わたしたちのアマゾンには、擁護する者がいない……

彼らはオウムやサルを追放してしまい……
栗の収穫も、かつてとはまるで違っている」[4]。

10　この事態が、昨今の先住民族の都市周縁部への移住を加速させたのです。彼らがそれで得たものは、悲劇からの真の解放ではなく、奴隷状態、隷属、困窮のいっそうの悪化です。巨大な不平等が特徴のこうした都市に、今や、アマゾンの地域住人の大半が住み、そこでは異民族排斥、性的搾取、人身取引も増加しています。それゆえアマゾンの叫びは、森の奥地からだけでなく、その都市の内側からも上がっているのです。

11　シノドスの前と会期中に示された、実に広範で不足のない分析を、ここでわたしが繰り返す必要はないでしょう。そこで耳にした声の一つを思い起こしてみましょう。「わたしたちは材木商、畜産家、その他の第三者から被害を受けています。わたしたちの領地にはなじまないモデルを敷く経済の有力者に脅かされています。材木商社は森から搾取しようと領地に侵入します。わたしたちは子らのために森の世話をし、そこで肉、魚、薬草、果樹を得て……います。水力発電所の建設や運河事業は、河川と土地に影響を及ぼし……ます。わたしたちは、収奪された土地という地域なのです[5]」。

12 すでに、わたしの前任者ベネディクト十六世は、「アマゾンの環境破壊と、地域住民の人間としての尊厳に対する脅威[6]」を糾弾しています。わたしはそれに、数々の悲劇は誤った「アマゾン神秘説」と結びついてきたことを付け加えたいと思います。周知のとおり、二十世紀の最後の数十年から、アマゾンは、占拠すべき広大な空白地帯、開発すべき手つかずの資源、飼いならすべき広大な野生とされてきました。これらはすべて、先住民族の権利を認めない、またはあたかも存在していないかのように、あるいはその居住地はその人々に属していないかのように、彼らを無視する見方に結びついています。児童や青少年の教育事業においてさえ、先住民は部外者、強奪者とみなされていました。彼らの暮らし、向上心、彼らの闘い方や切り抜けるための流儀には関心が払われず、他のだれもがもつ等しい尊厳と、獲得した権利とをもつ人間としてよりも、追い払うべき邪魔者とみなされていました。

13 数ある標語がこの取り違えを招きました。その一つが、「明け渡すな[7]」の標語です。この接収があたかも国外からのみ生じているかのような標語ですが、その実、地元の権利者も開発を口実に、罰せられることなく、際限なく、熱帯雨林——そこに生息する種々の生命をも——を破壊するための征服に加担してきました。先住民族は、自らを養い、いやし、生き延びさせ、アイデンティティと意義とを付与する生活様式と文化を存続させてくれた自然環境が破壊されるのを、多くの場合どうすることもできずに、ただ眺めるしかなかったのです。権力格差は著しく、勝者はすべてを手にし続けるのに、弱者は自身を守る手だてがないのです。「貧しい国はいつまでも貧しいままなのに、富める国はますます裕福になっているのです[8]」。

14　アマゾンを傷つけ、土地とその境界、民族自決、事前合意という点で、先住民族の権利を尊重しない国内企業と国際企業には、それにふさわしい名前を与えなければなりません。それは、不正義と犯罪です。安易な収益に飢えた一部の企業が土地を私物化し、飲料水の提供まで民営化するに至る場合、また、行政当局が、林業、鉱山や石油の開発事業、その他熱帯雨林を破壊し環境を汚染することになる動きを野放しにしている場合、経済関係は不当に変質し、殺害の道具となってしまうのです。抗議活動を罰し、計画に反対する先住民の生命を奪うことすらいとわず、故意に森林火災を引き起こしたり、政治家や先住民自身を買収したりといった、いかなる倫理からも懸け離れた手段に訴えることが常態化しています。これに伴うのが、深刻な人権侵害、とりわけ女性を襲う新たな奴隷制、先住民族を服従させることを意図した麻薬売買という疫病、自らの文化的背景から切り離された人々を利用する人身取引です。グローバリゼーションを「新形態の植民地主義[9]」にするわけにはいきません。

憤ること、そしてゆるしを請うこと

15　モーセが憤ったように（出エジプト11・8参照）、イエスが怒ったように（マルコ3・5参照）、神が不正義を前に怒ったように（アモス2・4―8、5・7―12、詩編106・40参照）、わたしたちは憤らなければなりません[10]。「わたしたちの地域全体に及ぶ、死までも貪る浪費の名残が、……無数の人々の生活を、とくに、農民や先住民族の居住地を危険にさらしている[11]」中、悪に慣れるのは不健全であり、社会的良心を麻痺させておくのはよくないことです。二十世紀にすら行われたアマゾンでの不正義と残虐行為の歴史が、激しい拒絶反応を引き起こすのはやむをえませんが、しかし同時に、人間の搾取、蹂躙（じゅうりん）、死、それらの現代化された形態を認識すべく、感覚をいっそう研ぎ澄ませておくべきです。恥ずべき過去については、たとえば、ベネズエラのアマゾンにおけるゴム生産時代の先住民族の苦しみの話はほうぼうで聞かれます。「先住民には現金は渡されず、ただ商品が、しかも高額で与えられた。決して支払い終えないほどの高値だった……、金を払えたとしても、「お前には、しこたま借金がある」といわれ、また労役に戻らねばならなかった。……二十以上のイェクアナ族の村が、完全に破壊された。イェクアナの女性たちはレイプされ、乳房を切り取られ、妊婦は腹を裂かれた。男性たちは舟を操れないよう指や手首を切り取られ、……ほかにもさらにおぞましいサディスティックな光景があった[12]」。

16　こうした苦悩と侮蔑の道のりは簡単には改善されません。植民地化はとどまるところを知らず、それどころか、多くの地域では姿を変え、粉飾され、隠蔽され[13]、なおも、貧しい人々の生活と脆弱な環境に対する横暴をやめません。ブラジル領アマゾンの司教たちは次のように言及しています。「アマゾンの歴史が明らかにしているのは、多数者の貧困と、その地の豊かな天然資源の良心のとがめを覚えない略奪という犠牲を強いて、少数者だけが金儲けをしたということです。その天然資源は、数千年もの間そこで暮らしてきた民への、また、過去数百年の間にやって来た移住者への、神からの贈り物です[14]」。

17　健全な怒りは抱いたまま、連帯と発展のネットワークを構築するために、種々の植民地主義的メンタリティを克服することはつねに可能だということを覚えておきましょう。「課題は、連帯のグローバル化、だれ一人疎外されることのないグローバル化を確保することです[15]」。持続可能な畜産業と農業、環境汚染のないエネルギー、環境や文化の破壊を伴わない尊厳ある就労先といった、他の選択肢も求められます。同時に、先住民や窮民に対する、その能力を伸ばし、力を発揮するにふさわしい教育の保障が必要です。まさにこうした目的にこそ、政治家の策士としての真価と腕前を示すべきです。それは、否定されたいのちを死者に返すためでも、その虐殺の生存者への補償のためでもなく、せめて今日、真に人間らしくあるためなのです。

18　「数々の矛盾と傷[16]」に満ちたアマゾンの植民地化が著しく深刻化する中、多くの宣教師が福音書を携え、自国を去って当地に来、寄るべない人々とともにある質素で苦労の多い生活を受け入れたことを思い起こすと、勇気づけられます。彼らのすべてが模範的であったわけではないことは分かっていますが、福音に忠実であり続けた者の働きは、「人々とその領土の蹂躪に抗して先住民族の尊厳を保護したインディアス法のような法令[17]」を生み出すきっかけにもなりました。先住民を襲撃者や搾取者から守ったのは多くの場合司祭だったので、宣教師らは次のように語っています。「われわれは、見捨てないでほしいと彼らに懇願され、そうして、故国に帰る希望は奪われました[18]」。

19　現代において教会は、社会的参与を控えるべきではありません。ですから教会は、「自らの預言的役割を、それが透けて表れるように行使するために[19]」、アマゾンの民の叫びに耳を傾けるよう呼ばれているのです。同時に、麦には毒麦が混ざっていたこと、宣教師たちは必ずしも虐げられた側に付いたわけではなかったことは否定できず、わたしはそれを恥じ入るばかりで、あらためて「平身低頭でゆるしを請います。教会自身による罪だけでなく、いわゆる新大陸征服時代に先住民に対して働いた犯罪[20]」、そしてアマゾンの全歴史を通してたえず続いたおぞましい犯罪に対し、ゆるしを請います。先住民である皆さんに感謝し、重ねて申し上げます。「皆さんは、その生き方をもってわたしたちの良心に訴える叫びです。……皆さんは、神がわたしたち皆に託した使命、つまり、共通の家、地球を世話する使命の生きた証人です[21]」。

共同体意識

20　社会正義運動には、兄弟愛の力、人類共同体の精神があります。個人の自由の価値を否定するわけではありませんが、ともかく、アマゾンの先住民族が、強い共同体意識を有していることは明らかです。彼らは「労働、休息、人間関係、儀礼や祭儀を」そうした意識をもって続けているのです。「すべてを分かち合っており、現代社会ならではのものである個人の空間はきわめてわずかです。生活は共同体の歩みであり、そこでは仕事や責任は分担され、共同体の利益に照らして共有されます。共同体やその土地から切り離された、個人という考え方はみじんもありません」[22]。こうした人間関係には周囲の自然がしみ込んでいます。なぜなら、彼らは自然を、自分たちの社会や文化をそれたらしめる現実として、つまり個人、家族、社会集団といった有機体の延長として感じ、認識しているからです。

「あの明星が近づき
ハチドリは羽ばたく

轟く滝より強く、わが胸の鼓動は打ち響き
そのあなたの唇とで、わたしは大地に水をまく
わたしたちの間に風はそよぐ[23]」。

21　そうしたことがあるため、都市への移住を余儀なくされた先住民が味わう、ルーツとの断絶の破壊的な影響はいや増します。彼らは、極端に個人主義的な都市環境、敵意ある雰囲気に囲まれて、時に屈辱的な目に遭いながらも、生き延びようと努めています。これほどの深い傷をどういやせるでしょうか。ルーツを失った生活をどうすれば再建できるでしょうか。こうした現実に対して、その価値観や生活様式を守るため、それをなくさずに新たな背景に溶け込み、しかも自身が共通善の貢献者となろうとしてきた集団の多くが行ってきた努力をすべて認め、それに同伴することが必要です。

22　キリストはすべての人をあがなわれました。そして一人ひとりに、他の人々との交わりを築く力を回復させたいと願っておられます。福音が示す神の愛は、キリストのみ心からわき出て、正義への希求心を生み出します。兄弟愛と連帯の歌が欠けることなく、出会いの文

化に駆り立てる、正義への願いです。先住民族の生き方にある知恵は――そこにある限界もひっくるめて――、この切望をわたしたちの心にいっそう強くかき立てます。こうした理由からエクアドル司教団は、「新たな社会文化システム、すなわち、兄弟的かかわりを第一とし、異なる文化や生態系を認め尊ぶ枠組みをもち、いかなる形態であれ人間どうしでの差別と支配とを拒むことのできるシステム[24]」を訴えたのです。

ゆがめられた諸制度

23　『ラウダート・シ』では、次のことを思い起こしました。「あらゆるものが関係しているのなら、社会制度の健全さは、生活の質と環境とに影響を及ぼします。……各社会階層の内部で、またそれらの階層間で、諸制度が発達し、人間的なかかわりを調整します。そうした制度を弱体化させるものは何であれ、不正義や暴力や自由の喪失といった否定的な結果をもたらします。多くの国が、実効性の低い制度――……国民に大きな問題を引き起こしてしまうような――を有しています[25]」。

24　アマゾンにおける市民社会の諸制度はどうでしょうか。シノドスの討議要綱は、アマゾン地域の個人やグループから寄せられた多くの意見をまとめており、次のことに言及しています。それは、「国やその諸制度を毒し、先住民族の共同体を含むすべての社会階層に浸透している、ある文化です。まさしく、道徳的災いについてです。結果として、制度とその代表者らへの信頼は失われ、政治や社会組織への信用は完全に失墜します。アマゾンの人々は腐敗とは無関係ではなく、その第一の犠牲者となるのです[26]」。

25　教会の成員が腐敗の策謀の一端を担ったことは除外できません。教会の事業への経済援助と引き替えに、口をつぐむことを受け入れることすらありました。まさにこの理由から、「寄付やその他何らかの援助の出所にも、教会の機関やキリスト信者による投資にも、とくに目を光らせておく[27]」よう求める提言が、シノドスでなされたのです。

社会的対話

26　アマゾンはまた、交流と共闘のかたちを見いだすための社会的対話の場、とくに、さまざまな先住民族の間の対話の場であるべきです。その他であるわたしたちに呼びかけられているのは、「ゲスト」として参加すること、そして最大の敬意をもって、アマゾンを豊かにする出会いの道を求めることです。しかし対話を望むのなら、わたしたちはまず、もっとも追いやられている人々との対話から始めなければなりません。彼らは、説得しなければならないだけの相手ではなく、まして、内輪の座に招かれた客人でもありません。彼らは首位である対話の相手、まずわたしたちが学ぶべき相手であり、正義の責務のために聞くべき相手、わたしたちから提案を示してよいか許可を求めるべき相手です。彼らのことば、彼らの希望、彼らの恐れこそ、アマゾンについて話し合ういかなる場でも、もっとも力ある声でなければなりません。したがって重要な問題は、彼ら自身が、自分と子孫にとってのよい暮らしをどのように考えているか、ということなのです。

27　対話では、貧しい人、疎外された人、排除された人を守るために優遇する特権を与えるだけでなく、彼らを、主体的に牽引（けんいん）する主役として尊重しなければなりません。つまり、相手をありのままに認め、「他者として」、その人の感性、その人ならではの選択、生き方、働き方もろとも尊重することです。そうでなければ、結果は必ずや「少数の人による少数の人のための計画[28]」となるでしょう。あるいは「机上の合意や、少数の幸福な者のためのはかない平和[29]」です。そうなってしまうならば「預言的な声が必要[30]」になり、わたしたちキリスト者は、その声を聞かせる者となるよう求められているのです。

そこから、次に語る夢が生まれます。

第二章　文化の夢

28　アマゾンの振興が問題なのですが、それは、アマゾンを文化的に植民地化することではなく、アマゾン自身がその最上のものを引き出せるよう支援することです。それこそが、ルーツを断つことなく成長を促し、独自性を損ねずに伸ばし、侵害せずに盛り立てるという、優れた教育事業の意味です。自然がもつ潜在能力が永久に失われうるのと同じことが、わたしたちがいまだ知らぬメッセージを有し、かつてないほどの脅威に現在さらされている諸文化にも起きうるのです。

アマゾンの多面体

29　アマゾンには、多くの民族とさまざまな国出身の人が存在し、自発的選択によって孤立したまま暮らす先住民族（Pueblos Indígenas en Aislamiento Voluntario = PIAV）が百十以上います[31]。彼らはきわめて脆弱な状況に置かれており、多くは、自分たちが消えゆく宝の最後の受託者だと感じています。ポストモダンの植民地化が進む中、迷惑をかけずに生き延びることだけが許されているかのようです。彼らを「未開の」野蛮人と理解することは避けねばなりません。彼らは、かつては高度に発展したものである、異なる文化、異なる形態の文明を生み出したにすぎないのです[32]。

30　植民地化される以前、集落は川や湖の岸辺に集中していましたが、植民地化が進むにつれて、かつての住民たちは熱帯雨林の奥へと追いやられていきました。今日、進行する砂漠化によって、多くの人は、最後には都市の周縁部や道端に住まわざるをえない状態に追いやられています。それはきわめて悲惨で、さらに、支えとなってきた価値観が失われて心がずたずたになることもあります。そうした中で彼らは、自分たちにアイデンティティと自尊心をもたらしていた価値基準や文化的ルーツを失うこともまれではなく、見捨てられた人の層が膨らむのです。こうして、数世紀にわたり世代から世代へと伝えられてきた知恵の、文化を通じた継承が絶たれるのです。出会いの場、相互繁栄の場、異なる文化間での実りの場となるべき都市は、痛ましい廃棄の場へと変貌しています。

31　アマゾンで生き延びることに成功している各民族は、多文化世界にあって、文化的独自性とたぐいまれな豊かさを有しています。それは、住人たちが周囲の環境との間に、共生――決定論的な意味でなく――をもって確立した親密な関係によるものであり、外部の思考の枠組みでは理解しがたいものです。

「かつてそこには、川があり
獣がいて、雲や木々の広がる風景がありました。
けれども、次第にその川と木々のある景色が
見られなくなり

それらは、どこかの少年の心に現れるしかなくなってしまったのです[33]」。

「川からお前の血を……作るのだ。
それから、お前自身を植え
芽を出し、伸びるのだ。
お前の根が、いつまでも大地に根づくように
そうして、ついには
くり舟となり
小舟となり、いかだとなり
土となり、大瓶(ティナハ)となり
小屋となり、人となるのだ[34]」。

32　人間集団、その生活様式と世界観は、風土や資源に適応したものであったはずなので、その領域同様、実に多様です。漁をする民族は、奥地で狩猟や採集をする民族と同じではなく、また氾濫原を耕作する民族とも同じではありません。いまだアマゾンでは、数千もの先

住民コミュニティ、アフリカ系の人々、岸辺で暮らす人々、都市の住民らと出会います。それぞれがまったく異なっており、それゆえ人類の幅広い多様性を包含しています。ある領域とその特徴を通して、神はご自分を明らかになさり、ご自分の尽きせぬ美のいくばくかを映し出しておられるのです。ですからそれぞれ異なる集団は、自らの環境との、生命維持に不可欠な融合をもって、知恵を固有のかたちで発展させるのです。われわれ外側から見ている人間は、不当な一般論、一面的な見方の言説、または、自分たちの思考回路や経験のみによった結論づけを避けなければなりません。

ルーツを大切にすること

33　ここで思い起こしておきたいと思います。「人間がもつ消費主義的な考え方は、今日の地球規模化した経済機構によって助長され、諸文化の均一化をもたらし、全人類の相続財産であるはかりしれない多様性を損ねます[35]」。ここに、「出身地の違いを薄れさせ、簡単に造り変えられる大量生産物にしてしまう[36]」傾向が加われば、若者に多大な影響を及ぼします。人間の貧困化を生むこうした動きを回避するためには、ルーツを愛し、大事にする必要があります。というのも、ルーツは「わたしたちを成長させ、新しい挑戦に立ち向かわせるための定点[37]」だからです。アマゾンの若者に、とくに先住民族の若者たちに要請します。「自らのルーツを担ってください。あなたを成長させ、花開かせ、実らせる力は根から生じるからです[38]」。彼らの中の洗礼を受けた者にとっては、そのルーツには、イスラエルの民の歴史や今日までの教会の歴史が含まれています。それを知ることは喜びの源であり、そして何よりも、勇気ある大胆な行動を生み出す希望の源なのです。

34　数百年にもわたって、アマゾンの人々は、神話、伝説、物語を用い、口承で自分たちの文化的知恵を伝承してきました。それは、「物語を携え、村落から村落へと森を巡り歩いたあの太古の語り部たちが、そうした物語というへその緒なしには、距離と孤立によってバラバラに分断されていたであろう共同体を、活力あるものとし続けてきた[39]」ようにです。ですから、「お年寄りに長いおしゃべりをしてもらう[40]」こと、そして若者には、立ち止まってその泉から飲むことが大切なのです。

35　このような文化的財産が失われるおそれが高まる一方で、近年ありがたいことに、一部の民族が自分たちの物語を書き起こし、自分たちのもつ習慣の意味を記述し始めています。それによって彼らは、民族的アイデンティティ以上のものがあること、自分たちこそが、個人の、家族の、集団の尊い記憶の受託者だということを、明確に自覚できるようになるのです。自分のルーツに触れる機会を失ってきた人たちが、損なわれた記憶を取り戻そうとしているのを目にし、うれしく思います。さらに、職業の分野でも、アマゾンのアイデンティティ意識がいっそう高まり、多数を占める移民の子孫にとってさえ、アマゾンは、芸術、文学、音楽、文化的なインスピレーションの源となりました。さまざまな芸術表現、なかでも詩は、水、森林、うごめく生命に、さらには、文化的多様性、エコロジー的、社会的課題にも、インスピレーションを得てきました。

文化間の出会い

36　あらゆる文化的現実と同じく、深遠なるアマゾンの諸文化は自らの限界を有しています。西洋の都市文化にも、その限界があります。消費主義、個人主義、差別、格差、その他多くの要素が、一見さらに進化しているかに映る文化の脆弱（ぜいじゃく）な側面を形成しています。強い共同体意識をもって、文化的財産を自然とのつながりで豊かにしてきた民族は、見せかけの発展の渦中でわたしたちが分からずにいるその影の部分に、容易に気づくことができます。したがって、彼らの生活経験をすくい集めることは、わたしたちのためになるのです。

37　自分のルーツをもって、ともにする食卓に、話し合い希望を共有する場に、わたしたちは着くのです。このようにして、国旗や国境にもなる違いは、架け橋へと変わります。アイデンティティと対話は敵どうしではありません。文化的アイデンティティ自体、異なるものとの対話によって根を強くし豊かにするのであり、真の保存とは、脆弱化を生む隔離とは異なるのです。ですから、いっさいの混交（mestizaje 混血）を否定する、まったくの閉鎖的、非歴史的、固定化された、先住民主義（インディヘニスモ）の提案は、わたしの意図するものではありません。文化が不毛になりうるのは、「内向的になり、人間についての真理に関して意見の交換や討論を拒絶して、孤立したあり方を貫こうとする」[41]ときです。そうした状況は、現実にはあまりないことかもしれません。文化の侵入から身を守ることは容易ではないからです。だからこそ、先住民族の文化的価値を大事にしようとする関心を、すべての人がもつべきです。というのも、彼らの豊かさは、わたしたちの豊かさでもあるからです。わたしたち人類をすばらしいものにする多様性を前にして、こうした共同責任の意識を高めていかなければ、森の奥地に暮らす集団に、無邪気に「文明」に開かれるよう求めることはできません。

38　アマゾンで、多様な先住民族の間でも、「差異が脅威を意味せず、一部の者の特権的序列の正当化とならず、さまざまな文化的視点での、祝祭的、相関的で、希望をかき立てる対話を意味するような、異文化間の関係[42]」を発展させることは可能です。

脅かされる諸文化、危機にある諸民族

39　グローバル化された経済は、人間的、社会的、文化的豊かさを、恥ずかしげもなく傷つけます。やむをえない移住により生じる家族の離散は、価値観の伝達を損ねます。「家庭は今なお、そしてこれまでも、わたしたちの文化を生きたものとし続けるための、もっとも貢献度の高い社会的組織[43]」だからです。加えて、「マスメディアによる植民地化の侵略に対し」、先住民族のために促進すべきは、「彼ら独自の言語と文化に基づく、既存のものとは別のコミュニケーション手段」と、「先住民自身が既存のマスメディアに登場すること[44]」です。

40　アマゾンのためのいかなる事業においても、「民族や文化の諸権利を尊重し、歴史的過程なくして社会集団の発展はありえないということを十分理解する必要があります。そうした歴史的過程は、……地域住民に固有な文化の内部からの継続的で積極的な参加を要請します。生活の質という観念もまた、外部から強要されえないものです。生活の質は、人間集団それぞれに固有の象徴と習俗の世界の内部から理解されねばならないものだからです[45]」。先住民の先祖伝来の文化が自然環境との密なかかわりの中で生まれ発展した場合、その環境が損なわれれば、その文化が無傷のままでいることは難しいのです。

以上をもって、ここから語る夢への道が開かれます。

第三章　エコロジーの夢

41　アマゾンのような、人間と自然とのこれほどに緊密なかかわりが存在する文化的現実においては、日常の生活はつねに宇宙的です。隷属状態から他の存在を解放することは、その環境に配慮しそれを保護することになるのはもちろんですが[46]、そればかりか、神――存在するすべてのものをお造りになっただけでなく、イエス・キリストにおいてご自分をわたしたちに与えてくださった――に対し、信頼をもって心を開くよう人々を助けることにもなります。まずわたしたちに心を砕いてくださる主は、兄弟姉妹と、主が日々与えてくださる環境とに心を砕くよう教えておられます。これこそが、わたしたちに必要な第一のエコロジーです。アマゾンについては、教皇ベネディクト十六世が次のように語ったことばがよく理解できます。「自然の環境保護（エコロジー）だけでなく、いわば「人間のための」環境保護（エコロジー）もあります。「社会環境の保護（ソーシャル・エコロジー）」を必要とするものです。つまり、……人類は、自然環境エコロジー、すなわち自然に対する配慮と、ヒューマン・エコロジーとの関連をよりいっそう強く意識しなければならないのです」[47]。「あらゆるものはつながっている」[48]というあの主張は、アマゾンのような地域にはとくに当てはまるのです。

42　人間の保護と生態系の保護が切り離せないならば、そのことは、「熱帯雨林は搾取のための資源ではなく、生きているもの、または関係し合う多種多様な生きとし生けるものである」[49]という場合に、ことさら重要になります。アマゾンの先住民の知恵は、「被造界に対する保護と敬意を促し、そこに際限のあることを明確に意識して、濫用を禁じています。自然の濫用は、祖先、兄弟姉妹、被造界、そして創造主を濫用することで、未来を抵当に入れることです」[50]。先住民族が「自分たちの土地にとどまっているとき、その土地は彼ら自身の手によって最良のしかたで管理され」[51]、セイレーンの歌や権力集団による利権の誘いに惑わされずに済みます。自然が受ける損害は、きわめて直接的に、かつ実証可能なかたちで彼らに影響を与えます。なぜなら、こういわれるとおりです「わたしたちは、神が造られた自然環境の水であり、空気であり、土であり、いのちです。ですから、母なる地球を酷使し破壊するのをやめるよう求めます。大地には血が通っており、今出血しています。多国籍企業はわたしたちの母なる地球の血管を切ってしまいました[52]」。

水で編まれたこの夢

43　アマゾンでは、水は女王です。川や細流は血管のようで、あらゆる生命は、水に左右されます。「そこは灼熱の夏の盛りにあり、最後の東風が動かぬ空気の中にかき消え、よどんでいくと、気候の判定は温度計から湿度計に換えられる。存在するものは、交互に訪れる、大河の激しい渇水と冠水から生み出される。これら大河はつねに、すさまじく水位を上昇させる。増水したアマゾン川は川床を広げ、数日でその水位を上げる。……洪水は営みの停止である。イガラッペ（訳注：支流ともいえる水のたまった細流）の網に捕らえられ、人は制御できぬ運命を前に、奇妙にも悠然と、気温の高いあのパラドキシカルな冬の終わりを待つ。渇水は夏である。これは、かの地でうごめく者たちの原始の活動の復活、自然——多種多様な表現へとひたすら突き進み、いかなる努力の継続も不可能とするもの——に適合する比類なき生態の再生である[53]」。

44　周囲のすべてをまとめ、生かす、大いなるアマゾン川で水はきらめきます。

「アマゾン川
水という語の頭（かしら）、
父にして家長、あなたは
肥沃（ひよく）さの秘めたる永遠、
幾多の川は鳥のようにあなたに注ぐ……[54]」。

45　アマゾン川はまた、調和と一致をもたらす脊柱（せきちゅう）です。「川はわたしたちを隔てず、一つにし、異なる文化と言語の中での共生を助けます[55]」。この地域にはさまざまな「アマゾン」が存在するのは事実ですが、その主軸は、あまたの川が注ぎ込む、この大河なのです。

「万年雪を頂く山脈の峰から、水はにじみ出て、太古の岩肌をちろちろと流れていく。アマゾン川はこうして生まれる。一瞬ごとに生まれる。ゆるやかに流れ下り、ゆらゆらと輝きながら、大地で成長していく。緑の中を縫って、独自の流れを形づくり、大蛇となる。地下の水は地表に出て、アンデスから流れる水と抱き合う。真っ白な雲の膨らみから、風に吹かれて、空の水は落ちてくる。それらは一つになって進み、無数の水の道を通って肥大し、……広大な平原を浸す。それが、熱帯湿潤にすべてが覆われ、密生した驚異の熱帯雨林を有するグレート・アマゾンである。今なお脈打ち、手つかずで、人跡未踏の広大な土地を有する場、水とむつましくいのちが織りなされてきた場所。そこに住まうようになって以来、人間はその水の深遠さにはぐくまれてきた。そして、密林の奥深くからは、すさまじい恐怖がにじみ寄る。その生命はゆっくりと、終焉に向かっているという恐怖が[56]」。

46　その深遠なる美に魅了された国民詩人たちは、川から感じるものを、流れがもたらす生命を、カワイルカ、アナコンダ、木々、くり舟、それらの踊りによって、描こうとしてきました。ですが同時に、アマゾンに迫る脅威を嘆いてもいます。観想的で預言的なこうした詩人たちは、自然を破壊し、真に尊厳ある生活をわたしたちから奪う技術主義的（テクノクラティック）・消費主義的パラダイムから解放されるよう助けてくれます。

「世界は、足がゴムに、下肢が革に、胴体が布に、頭が鉄に……変わってしまうことに苦しんでいます。世界は、鍬が銃に、鋤が戦車に、種蒔く人の姿が、荒野を生む火炎放射器を装備したヒューマノイドに変わってしまうことに苦しんでいます。詩だけが、自らの声の謙虚さで、この世界を救うことができるのです[57]」。

アマゾンの叫び

47　詩は、今日わたしたちの多くが共有する痛みを表す助けとなります。避けようがない事実は、現況では、このようにアマゾンを扱っていけば、たとえ多くの人が何事もないと思い込みたいとしても、あまたのいのちとあまたの美は「終焉への道を歩んで」いるということです。

「川は、遊ぶための縄だと思っていた者たちは間違っていた。
川は、この地の面の細い血管。……

川は、動物や木々がすがる綱。
強く引き寄せすぎれば、川は切れてしまうだろう。
破裂して、わたしたちの顔を水と血で洗うだろう[58]」。

48　地球の均衡は、アマゾンの健全さによっても左右されています。コンゴやボルネオの生物群系と並んで、その森の多様性には圧倒されます。降雨周期、気候の均衡、多種多様な生物が、そこに依存しています。それは巨大な二酸化炭素フィルターとして機能し、地球温暖化の抑制に役立っています。広範囲にわたり、その土壌は腐植土に乏しく、そのため熱帯雨林は「実際のところ土壌からではなく、土壌の上で生育しているのです[59]」。熱帯雨林はひとたび切り開かれると、もはや取り戻せません。なぜなら、砂漠か植生の乏しい土地に変わると、ほとんど栄養分のない土しかなくなるからです。これは深刻な問題です。アマゾンの森の奥地には、さまざまな病気の治療に欠かせない無数の資源があるからです。その地の魚、木の実、その他のあふれんばかりの恵みが、人間の食を豊かにしてくれます。さらに、アマゾンのような生態系では、全体の保護において、各部分の役割は切り離せません。大湿原の低地や海の植生地域もまた、アマゾン川が運ぶものによって肥沃(ひよく)にされなければなりません。

アマゾンの叫びは、すべての人に届くものです。というのも、「資源の開発と採掘により……今日、自然環境が有する保護力そのものが脅かされています。「資源」としての環境は、「家」としての環境を危険にさらすのです[60]」。少数の巨大企業の利害が、アマゾンと人類全体の善益に優先されてよいはずはありません。

49　絶滅の危機にある、目立った種の保護に注意を払うだけでは足りません。以下のことを決して忘れてはなりません。「生態系の健やかな機能は、菌類、藻類、蠕虫類、昆虫類、爬虫類、そして数え切れない種類の微生物を必要ともしています。比較的数の少ない種が、概して目には見えないけれど、にもかかわらず、特定の場所の平衡状態を維持するために重要な役割を果たしています[61]」。このことは、採掘業、エネルギー業、製材業、その他、破壊と汚染をもたらす産業による経済事業の環境影響評価では無視されがちです。さらに、アマゾンに豊富な水は、人間の生存にとって不可欠の財産であるにもかかわらず、汚染源が拡大し続けています[62]。

50　現地の企業や政治家の経済的利害に加えて、「巨大な世界規模の経済的利害[63]」があることも事実です。ですから、解決策はアマゾンの「国際化」にはなく、各国政府の責任がいっそう重いものとなります。まさにそれゆえ、「国際機関や市民社会組織の献身的な関与を称賛せずにはいられません。そうした機関や組織は、各政府が、地域的あるいは国際的な見かけの利益に屈服することなく、その国の環境と天然資源を保存するための固有で委任できない義務を果たせるよう、圧力という合法的手段に訴えつつ、公衆の問題意識を惹起し、批判的な協力を提供しています[65]」。[64]

51 アマゾンを保護するために、先祖伝来の知恵を現代の技術力と結び合わせるのはよいことですが、たえず、その地の住民の生活形態や価値体系を維持しながら、持続可能な土地管理を追求することも大事です[66]。彼ら住人には、とりわけ先住民族には、基本的教育とは別に、事業について、その作用範囲、影響とリスクについての情報を、漏れなくありのままに得る権利があります。こうした情報を自分たちの利害や、土地に関する独自の知識と関連づけられるようにし、それによって、同意するか、あるいは代替案を提示するかを判断できるようになるためです[67]。

52　強大な権力者は手にする利益に決して満足せず、経済力となる資産は、科学技術の発展に伴い巨大化します。それゆえ、皆で緊急性をしつこく主張すべきなのは、「明確な境界線を定めて生態系の保護を確保する法的枠組みの確立」です。「それをしなければ、技術（テクノ）・経済（エコノミック）パラダイムに由来する新たな権力構造が、政治はおろか自由や正義をも押しつぶしてしまうでしょう」[68]。神の呼びかけが、貧しい人々の声と同時に大地の叫びに注意深く耳を傾けるよう求めているならば[69]、わたしたちにとって、「アマゾンが創造主に叫ぶ声は、エジプトでの神の民の叫びに等しいのです（出エジプト3・7参照）。それは、奴隷とされた者、見捨てられた者の叫びであり、自由を求めて声を上げています[70]」。

観想による預言

53　わたしたちがたびたび良心を鈍らせてしまうのは、「限りがあり終わりがある世界という現実に気づく勇気が、娯楽によってたえず奪われている[71]」からです。表面的に見るならば、「事態はそれほど深刻に見えませんし、地球は当分今のままあり続けるのかもしれません。そうした言い逃れは、現今のライフスタイルと、生産および消費のモデルとを保つためのものです。見ないでおこう、認めないでおこう、重要な決断を先延ばしにしよう、なかったことにしよう――、これが、自己破壊的な悪徳を勢いづかせるために人間がとる方策です[72]」。

54　こうしたことを踏まえ、さまざまな種のそれぞれが、それ自体で価値があるということを心に刻んでおきたいと思います。それでも、「毎年、幾千もの動植物種の消滅を目の当たりにします。そうした種は永遠に失われてしまったため、わたしたちが知ることも、わたしたちの子孫が出会うこともないでしょう。大多数は人間活動に関連する理由で絶滅します。わたしたちのせいで、もはや何千もの種がその存在をもって神に栄光を帰すこともなく、わたしたちにそのメッセージを伝えることもなくなるのです。わたしたちには、そんな権利はありません[73]」。

55　先住民から学ぶことで、わたしたちは、アマゾンを観想できるようになり、単なる分析はやめて、自分たちを圧倒するその貴い神秘を認識するようになります。アマゾンを愛せるようになり、ただ利用するだけではなくなります。そうしてその愛により、深く真剣な関心が呼び覚まされるのです。さらには、アマゾンと親しく結ばれていると感じるようになり、単に保護するだけではなくなります。そうなればアマゾンはわたしたちにとって、母のようになるでしょう。「御父が存在するすべてのものとわたしたちを結んでくださったきずなを意識しながら、外部からではなく内部から世界を見[74]」るからです。

56　神が授けてくださり、わたしたちが時に衰えさせてしまう、美的感覚と観想的感覚とを呼び覚ましましょう。覚えておきましょう。「美しいものに心奪われて立ち止まることを知らない人が、平然とあらゆるものを利用し濫用の対象物として扱ったとしても、驚くにはあたりません[75]」。その逆に、もしわたしたちが森との交わりに加わるならば、わたしたちの声は森の声とすぐに重なり、祈りへと変わるでしょう。「古いユーカリの木陰に横たわっていると、わたしたちの光の祈りは永遠の枝葉の歌に浸されます[76]」。こうした内なる回心が、わたしたちをアマゾンのために泣き、アマゾンとともに主に向かって叫べるようにするのです。

57　イエスはいわれました。「五羽の雀（すずめ）が二アサリオンで売られているではないか。だが、その一羽さえ、神がお忘れになるようなことはない」（ルカ12・6）。父なる神は、無限の愛をもって宇宙の一つ一つの存在をお造りになられたかたです。そのかたは、アマゾンの叫びを聞くための神の道具となるよう、わたしたちを呼び出しておられます。わたしたちが、胸を引き裂くこの叫びにこたえて駆けつければ、アマゾンの被造物が天の御父から忘れられてはいないことをはっきり示せるはずです。キリスト者にとっては、イエスご自身がそれら被造物の中からわたしたちに求めておられます。「復活されたかたが、被造物を、神秘的なしかたでご自分のほうへと抱き寄せ、最終目的である充満を目指させてくださる」からです。「イエスが人間の眼(まなこ)をもって見つめられ感嘆なさったまさにそうした野の花々や鳥たちには、今や、イエスの輝かしい現存が吹き込まれているのです[77]」。こうした理由から、わたしたち信者はアマゾンにおいて「神学的場」を、神ご自身が姿を現し、ご自分の子らを集める場を見るのです。

教育とエコロジカルな習慣

58 ですからわたしたちは、さらなる一歩を踏み出せます。そして、総合的(インテグラル)なエコロジーは、技術的な問題の修正や、政治的、法的、社会的判断などでは満足しないことを忘れずにいられます。優れたエコロジーには必ず、人々に、人間集団に、新たな習慣の展開を促すような、教育的側面が含まれています。残念なことに、アマゾンの住民の多くが、すでに、消費主義や使い捨て文化が深く根づいている大都市的な習慣を身に着けてしまっています。人々が変わらなければ、何かを変えうる、健全で持続可能なエコロジーはないでしょう。がめつすぎず、もっと落ち着いた、より丁寧な、焦燥感を抑えた、より兄弟愛の深い、別のライフスタイルを選択するよう促されています。

59　つまり、「心が空虚であればあるほど、購買と所有と消費の対象を必要とします。現実から課される制限を受け入れることがほぼ不可能になります。……わたしたちの懸念は、極端な気象現象の脅威だけに限定されるものではなく、社会不安という破局的結末にまで広げるべきなのです。消費主義的なライフスタイルへの執着は、とりわけそうしたライフスタイルを続けられる人が少数であるときには、暴力と相互破壊へと導きうるだけのものとなるのです[78]」。

60　教会は、長きにわたる霊的経験と、被造界の価値についての新たな意識と、正義についての憂慮とをもって、もっとも隅に置かれた人を自らの最優先事項とし、自らの教育的伝統と、世界中の実に多様な文化への受肉の歴史とをもって、アマゾンの保護と成長に貢献することも望んでいるのです。

こうして、次の夢が生まれます。わたしはそれを、カトリックの司牧者と信者と、より直接的に分かち合いたいと思います。

第四章　教会の夢

61　教会はアマゾンの人々とともに歩むよう呼ばれています。ラテンアメリカにおけるこうした歩みについては、メデジン（コロンビア）での司教会議（一九六八年）、そしてサンタレン（ブラジル）のアマゾン地区[79]（一九七二年）、その後のプエブラ（メキシコ、一九七九年）、サントドミンゴ（ドミニカ共和国、一九九二年）、アパレシーダ（ブラジル、二〇〇七年）での司教会議でも、とくに重点的に表明されてきました。その歩みは継続しており、アマゾンの顔をもつ教会を進展させたいのであれば、宣教活動は、「多様で調和のとれた[80]」ものを目指した出会いの文化の中で展開していく必要があります。しかし、こうした教会と福音の受肉が可能となるには、繰り返し、すばらしい宣教の告知が響きわたらねばなりません。

アマゾンにおいて欠かせない告知

62　アマゾンの中心から上がる、これほどまでの要望や苦悩の声を前にして、わたしたちは、社会組織、専門的方策、議論の場、政策をもって、こたえていくことができます。これらはすべて、解決の一翼を担いうるものです。けれどもわたしたちキリスト者は、福音から受け取る信仰による提案を手放しはしません。すべての人と肩を組んで闘いたいと望んでいますが、だからといってイエス・キリストを恥じはしません。イエスと出会い、そのかたとの友情を生き、そのかたのメッセージを自らのものとする者にとって、イエスについて語り、イエスが示す新たないのちを他の人々にもたらすことは必然です。「福音を告げ知らせないなら、わたしは不幸なのです」（一コリント9・16）。

63　もっとも貧しい人、見捨てられた人を真に優先し、その物質的貧困からの救済と権利の擁護に奔走することは、彼らを励まし、彼らに尊厳を授ける主との友情へと招くことにもなります。彼らがわたしたちから要理や道徳的規範を受け取っても、救いのすばらしい知らせを、心に迫り、他のあらゆるものに意味を与える宣教者の呼び声を受け取ることがなければ、それは悲しいことです。また、社会的メッセージで満足するわけにもいきません。彼らのために、彼らに帰すべき正義と尊厳のためにわたしたちがいのちをささげるなら、彼らは必ずや知るはずです。わたしたちがそうするのは、彼らにキリストを見るから、彼らを限りなく愛しておられる父なる神が彼らに授けるはかりしれない尊厳に気づかされるからなのだと。

64　彼らには、福音を告知される権利があり、なかでも「ケリュグマ」と呼ばれる最初の告知を受ける権利があります。最初の告知とは、「つねにさまざまな方法で聞き続けなければならないもの、……種々のしかたでつねに繰り返し告げられるべき重要な告知[81]」です。それは、一人ひとりの人間をどこまでも愛しておられるかた、わたしたちのために十字架につけられ、わたしたちの人生に新しいいのちを打ち立てたキリストにおいて、その愛を完全に明かされた神を告げ知らせるものです。これについては、使徒的勧告『キリストは生きている』第四章での短いまとめを読み返すことをお勧めします。この告知は、さまざまな方法で表現されながら、アマゾンでたえず鳴り響くべきです。こうした情熱あふれる告知がなければば、どの教会組織も単なるＮＧＯの一つとなってしまい、そうなれば「全世界に行って、すべての造られたものに福音をのべ伝えなさい」（マルコ16・15）というイエス・キリストの求めにこたえていないことになります。

65　キリスト者の生活における成長のための提案はすべて、恒久的な核として、この告知を保持しなければなりません。「キリスト教の養成はすべて、肉となり、よりよいものとなるまでケリュグマを深めていくこと[82]」だからです。主との人格的邂逅をもたらすことができた際の告知、それに対する本質的反応は兄弟愛です。兄弟愛とは、「新しいおきての中で、第一の、最高の、わたしたちが弟子であると確定されるにふさわしいもの[83]」です。このように、ケリュグマと兄弟愛は、福音の全内容の見事な総括を形成しており、アマゾンで知らせずにはいられないものです。モグロベホの聖トゥリビオや聖ジョゼ・デ・アンシエタら、ラテンアメリカの偉大な宣教者が生きてきたものです。

インカルチュレーション

66　教会は、ケリュグマを繰り返し告げつつ、アマゾンにおいて成長する必要があります。そのため教会は、この土地の民と現実と歴史に耳を傾け、対話することで、自らのアイデンティティをつねに再構築しています。このようにして、必然的なインカルチュレーションのプロセスをさらに進展させることができるのです。インカルチュレーションとは、アマゾンの文化の中にすでに存在しているよいものを見下さずに、それらを拾い上げ、福音の光のもとで、全きところへと導くものです[84]。また、神がさまざまな方法で働いておられた歴史を無視するかのように、数百年にもわたって伝えられてきたキリスト教の豊かな知恵を軽視することもしません。教会は、「一つの空間的観点からだけでなく、……その時間的現実から見ても[85]」、さまざまな表情をしているからです。それは、教会の真正な伝統のことであり、静止したままの堆積物でも博物館の展示品でもなく、成長する木の根なのです[86]。神の民においてて働かれる神のわざをあかしし、「燃えかすを守り続けるのではなく、生きた火を絶やさずにいる使命がある[87]」のは、まさに千年以上もの神聖な伝統なのです。

67　聖ヨハネ・パウロ二世は、自身の福音的提案を示す際、次のように教えました。「教会は、文化の自律性を否定するつもりはありません。それどころか、それに最大の敬意を払っています」。というのも文化は「単に、あがないと高挙の対象であるだけではありません。仲介と協力の役割を果たすこともできるのです」[88]。アメリカ大陸の先住民族に向けて彼が語ったのは、「文化とならない信仰は、あますところなく受容されておられず、十分に熟考されておらず、忠実には生きられていない信仰」[89]だということです。文化的な課題の数々は、「慎重かつ批判的な態度で、しかも……自信に満ちた関心を寄せ」[90]るよう教会を招いています。

68　インカルチュレーションに関して、使徒的勧告『福音の喜び』ですでに述べたことを、ここでもう一度取り上げてみましょう。それは、「恵みは文化を想定し、神からのたまものはそれを受け取る人の文化の中に根を下ろす」[91]という確信に基づくものです。これには二重の動きが含まれていることを、知っておきたいと思います。一方は、ある場所で福音が現れ出るようにと働く、豊かさのダイナミズムです。「ある共同体が救いの告知を受け入れると、聖霊は福音の造り変える力によって、その文化を豊かなものに」[92]するからです。他方は、まさに教会が続けている受容的な歩みです。その歩みは、聖霊が神秘的なしかたでその文化に蒔（ま）いておいたもので、教会を豊かにするものです。そうして、「啓示の新しい側面を示し新しい顔を与えながら、聖霊は教会を美しく飾ります[93]」。要するに、福音の尽きることのない告知は、「告げ知らされる文化にふさわしい表現のしかたで」伝えられることで、「その文化との新しい総合をもたらす[94]」ようにし、励ますのです。

69　ですから、「教会史が示すとおり、キリスト教はただ一つの文化様式をもつものではありません[95]」し、「単色で単調なキリスト教では、受肉の論理に合わないでしょう[96]」。しかしながら、どこか特定の土地にやって来る宣教者にとっての危険は、福音を伝えるだけでなく、自分を育てた文化をも伝えねばならないと思い込むことです。「たとえどれほど美しく、古くからのものであったとしても」「特定の文化様式を押しつける[97]」のは問題であるということを忘れているのです。イエス・キリストの尽きない宝とともに、新たなものをつねに生み出せる聖霊の新しさを、勇気をもって受け入れなければならないのです。「インカルチュレーションは教会に、困難でも必要な道を歩ませる[98]」からです。確かに、「こうした歩みにはつねに時間がかかり、時にわたしたちは恐れのあまり身動きが取れなくなります」。そして、「教会が実を結ばずに停滞するのを見ている、ただの傍観者[99]」になってしまいます。恐れてはなりません。聖霊の翼を折ってはいけません。

アマゾンにおけるインカルチュレーションの歩み

70　アマゾンにおいて福音のインカルチュレーションの刷新を果たすには、教会には、その地の先祖伝来の知恵に耳を傾け、年長者たちに再び語ってもらい、先住民共同体の生活様式に内在する価値観を認め、人々の豊かな物語を現代によみがえらせなければなりません。アマゾンでわたしたちはすでに、コロンブス以前の文化からの富を受け取ってきました。「神の働きに対して開いた心、大地の実りに対する感謝の思い、人間のいのちの神聖性や家族を重んじること、共同作業における連帯と共同責任の意識、文化的なものの重視、来世のいのちへの信仰、そのほか多くの価値観[100]」です。

71　この文脈でいえば、アマゾンの先住民は真に質の高い生活を、「よい生き方」と表現しています。それは個人の、家族の、共同体の、宇宙の和を意味しており、あり方についてのその共同体としての考え方、質素で素朴な暮らしに喜びと充足を得る能力として、そしてさらには、次世代のために資源を守る自然保護の責任感として表れています。先住民はわたしたちに、幸福な節制とは何であるかに気づかせてくれるはずで、その意味で「多くのことを教えてくれるのです[101]」。彼らは、わずかなもので幸せになり、多くをため込まずに神からのささやかな贈り物を喜び、無駄に破壊せず、生態系を守っています。そして、地球は彼らのいのちを支えるために豊穣な源として自らを差し出すと同時に、敬意ある優しさを抱かせる、母性的側面を有していることを理解しています。これらはどれも、福音化のために評価され、考慮すべきです[102]。

72　わたしたちは彼らのために、彼らとともに闘う中で、「彼らの友となって、彼らに耳を傾け理解し、彼らを通して神が伝えようと望んでおられる不思議な知恵を受け取るよう[103]」求められています。都市の住人は、この知恵を尊び、強欲な消費主義や都会的孤立から「更生」させられる必要があります。まさしく教会は、福音宣教による尊い総括をもって、そうした文化の回復を助ける道具となるはずです。さらに教会は、都市共同体が、自らの周囲の宣教者であるだけでなく、困窮によって追いやられ奥地から都市部にやって来た貧しい人たちをもてなす者となるほどの、愛の道具となるのです。共同体が若い移住者に寄り添い、身を滅ぼされる都会の罠（わな）にかかることなく都市で共生できるよう、手を貸すという点でも同様です。こうした教会の行為は、愛から生まれるもので、インカルチュレーションの歩みの中での価値ある行程です。

73　インカルチュレーションとは実に、高めるもの、完成させるものです。当然ながら、先住民族が全被造物の相互関連および相互依存について抱く神秘的畏敬、いのちを恵みとしていつくしむ理屈抜きの畏敬、多くのいのちでわたしたちを圧倒する自然に対して抱く神聖な感嘆である畏敬を大切にしなければなりません。しかしまた、宇宙万物の中におられる神とのそうした関係は、「あなた」と呼べる間柄となった主との人格的なかかわりへと、ますます変わっていくことも大切なのです。そのかたは、現実そのものを支え、それに意味を与えようとしておられ、わたしたちを知っておられ、愛しておられる「あなた」なのです。

「わたしから伸びる影、枯れ立ち木。
ああ、非の打ちどころなく星は生まれる。
この幼子の巧みな手は、
水と夜とを勝ち取る。

わたしの日々が始まる前より、
あなたはわたしのすべてを知っておられる。
それを知るだけで　もう十分です[104]」。

74　同様に、まことの神にしてまことの人、解放者にしてあがない主、イエス・キリストとの関係は、彼らを特徴づける、きわめて宇宙的な世界観と相反するものではありません。このかたは、すべてのものを貫いておられる、復活されたかたでもあるからです[105]。キリスト教の経験では、「物質世界のすべての被造物が自らの本当の意味を見いだすのは、受肉したみことばにおいてです。なぜなら、神の独り子は、人となって物質界と結ばれ、そこに決定的な変化の種を蒔（ま）かれたからです[106]」。主は、変容したからだの傷を残したままに被造物を治めておられるように、また、ご聖体において、世界の要素をご自分のものとし、一つ一つのものに復活の恵みの意味を与えておられるように、輝かしく神秘的に、川に、木に、魚に、風の中におられるのです。

社会的・霊的インカルチュレーション

75　このインカルチュレーションは、アマゾンの多くの住人の貧困や見捨てられた状況を考えれば、必然的に、きわめて社会的な香りを放ち、断固たる人権擁護を特徴とするはずです。それによって、「特別の優しさで、もっとも弱く貧しい人々とご自分とを一つになさろうとした[107]」キリストのみ顔は輝くのです。というのも、「福音の神髄から、わたしたちは福音宣教と人間の進歩との密接なつながりを認め[108]」ているからであり、キリスト教共同体にとってそれは、排除された人を擁護することによる、義の国への明確な参与を意味しているのです。そのため、教会の社会教説に沿った、司牧従事者への適切な養成がきわめて重要です。

76　同時に、アマゾンにおける福音のインカルチュレーションは、社会的なものと霊的なものとを、よりふさわしく一体化させなければなりません。困窮者が、超越的な次元にかかわる彼らの切望にこたえる霊性を、教会の外に求める必要がないようにすべきです。ですからそれは、より尊厳ある生活を求める社会的要請を黙殺するような人間疎外的・個人主義的な宗教性ではなく、人間には物質的発展だけで十分だとして、超越的・霊的次元を一掃することでもありません。求められているのは、二つを単に組み合わせるだけでなく、密に結び合わせることです。こうすることで福音の真の美しさが輝くのです。福音は、十全に人間たらしめるもの、個人と民族に十全なる尊厳を与えるもの、心といのち全体を満たすものです。

アマゾンの聖性のための出発点

77　このようにして、よその地のモデルのコピーではない、アマゾンの顔をした数々の聖性のあかしが生まれるでしょう。出会いと献身、観想と奉仕、開かれた孤独と共同生活、喜びある節制と正義のための闘い、それらからなる聖性です。この聖性は、「各自自分の道において」[109]到達されるものであり、それは、恵みが受肉し、それぞれ異なる特徴をもって輝く場である、民族においても同じです。普遍教会を問いただすよう呼ばれた、アマゾンの顔をもつ聖性を想像してみましょう。

78　インカルチュレーションのプロセスは、個人の歩みだけではなく、共同の歩みも伴うもので、敬意と共感にあふれた、民に対する愛が必要です。アマゾンの多くの地域では、すでにこの道程が始まっています。四十年以上前、ペルーのアマゾン地域の司教たちが強調したのは、その地域に暮らす多くの集団は、「宣教の主体であり、多様で変化に富んだ独自の文化から形成されたものです。福音化された当初は司牧従事者によって促されたのでしょうが、今では、民衆が自分たちのものとし、しかも意味を変えて、代々伝えてきた民衆のカトリシズムの何らかの特徴[110]」を備えているということです。民衆の暮らしから自然に生まれる何がしかの信仰表現を、即、迷信や異教的なものと評しないようにしましょう。むしろ、毒麦の中で成長する麦を見分けられるようでなければなりません。「民間信心を見れば、受け入れられた信仰がどのように文化の中に根を下ろし、伝えられるのかが分か[111]」るからです。

79　先住民のシンボルを、即偶像崇拝とみなすのではなく、何らかの方法で取り入れることは可能です。霊的な意味がふんだんに含まれた神話は活用されうるもので、すべて異教の誤りだとみなされるわけではありません。いくつかの宗教的な祭りには神聖な意味があり、ゆっくりとした浄化や成熟のプロセスが必要ではありますが、再発見と兄弟愛の場となっています。真の宣教者は、時に不完全で部分的で誤った宗教的表現の底に、どのような真正な探求心があるかに気づくよう努め、土着化（インカルチュレーション）した霊性からこたえようとします。

80　もちろんそれは、唯一の神であり、主なるかたを中心とした霊性であると同時に、尊厳ある暮らしを求める人々、存在する美しいものに恵まれたい、平和と調和を得たい、家庭の危機を解決したい、自分たちの病を治したい、子どもたちが幸せに成長するのを見たい、そう願う人々の、日々の必要に触れることでもあるのです。最大の危険は、キリストを喜びの敵としたり、人間の探究心や苦悩に無関心な人物として示すことで、彼らをキリストとの出会いから遠ざけてしまうことでしょう。[112] 聖性は、人々から「力、生活、楽しみ」[113] を奪ったりはしないと示すことが、今日では欠かせません。

典礼のインカルチュレーション

81　キリスト教の霊性の先住民文化におけるインカルチュレーションは、諸秘跡にあってはとくに意義深い道を歩んでいます。なぜなら、諸秘跡において、神的なものと宇宙的なもの、恵みと被造物とが一つになるからです。アマゾンでは、諸秘跡を被造物と切り離して理解すべきではありません。諸秘跡は「神が自然を、超自然的ないのちを仲介するものへと高める、特別に恵まれた手段です[114]」。諸秘跡は被造物にとっての充満であり、そこでは「異なる次元で世界を受け入れる[115]」ために、自然は恵みの場となり道具となるよう高められるのです。

82　聖体において神は、「受肉の神秘の頂点において、ひとかけらの物質を通じて、わたしたちの内奥にまで達することを望まれました。……（聖体は）天と地を結び、被造界全体を抱き、そして貫きます[116]」。ゆえに聖体は、「被造界全体の信託管理人であるようわたしたちを導く、環境への関心の……力[117]」となりえます。ですから、「神と出会うということは、この世界から逃げ出すことでも、自然に対して背を向けることでもありません[118]」。こうしたことから、自然界との親しいかかわりを通した先住民の経験にある多くの独特なものを、典礼の中に取り入れることができ、歌、踊り、儀式、身ぶり、シンボルに、その土地固有の表現を盛り込むことができるのです。すでに第二バチカン公会議は、先住民族のもとでの、典礼のインカルチュレーションのためのこうした努力を求めていました[119]。ところが五十年以上経過してもわたしたちは、この方針で進むことはほとんどありませんでした[120]。

83　主日において、「キリスト教の霊性は休息と祝祭の価値を総合します。わたしたちは観想的な休息を非生産的で無駄なものと軽視しがちですが、そうした軽視は、自分がなす仕事にとってもっとも大切なもの――すなわち働くことの意味――を考慮せずに済ますことなのです。わたしたちは、自分の仕事に、ありがたくいただくものという性格をもたせるよう招かれています[121]」。先住民族の人々は、こうした感謝や、健全な観想的休息を知っています。わたしたちの祭儀は、彼らが主日の典礼でそうした経験を味わい、わたしたちの実生活を照らすみことばと聖体の光と出会うための助けとなるはずです。

84　諸秘跡は、ご自分の子らをいやし力づけるためにいつくしみをもって来てくださるかた、そばにおられる神を見えるかたちで示し、伝えるものです。したがって、秘跡は近づきやすいもの、とくに、貧しい人々にとってそうであるべきで、決して金銭的理由で拒むことがあってはなりません。また、アマゾンの貧しい人、忘れられた人に対して、彼らを除外し遠ざけるような規則があってもなりません。もしそうしたことがあれば、彼らは税関へと変貌した教会によって、最終的に切り捨てられてしまうからです。むしろ、「もっとも困窮した人が味わう困難な状況において、教会はそれを理解し、慰め、平等に全体の中に参加できるよう特別に配慮すべきであり、石のような規則を押しつけてはなりません。それでは、神のいつくしみをもたらすよう召されている実の母に、断罪され見放されたと彼らに感じさせてしまいます[122]」。教会にとっていつくしみは、司牧活動の中で具体的に表れないならば、ただのロマンチックな表現でしかなくなってしまいます[123]。

奉仕職のインカルチュレーション

85　インカルチュレーションはまた、教会組織や奉仕職の具体的形態で展開し、そこに表れるはずです。霊性がインカルチュレーションするなら、聖性がインカルチュレーションするなら、まさに福音がインカルチュレーションするなら、教会の奉仕職を組織化し実践する方法のインカルチュレーションについて、考えないでよいはずはありません。往来が難しい多くの場所、幅広い文化的多様性、深刻な社会問題、自らの選択で接触を避ける部族、こうしたことを抱える広大な地域だということもあって、アマゾンでの教会司牧は安定していません。そうであるなら、無関心のままでいてよいはずはなく、明快で大胆な対応が教会に求められているのです。

86　奥地でひっそりと暮らす共同体であっても、感謝の祭儀がもっと頻繁に行われるように、奉仕職を形成する努力が必要とされています。アパレシーダでは、「長期にわたって主日の感謝の祭儀が奪われている」[124]、アマゾンの多くの共同体の嘆きに耳を傾けるよう促されました。しかし同時に、アマゾンの感性や文化を、その内側から理解できる奉仕者も必要です。

87　司祭の暮らしや奉仕の仕事の形態は一様ではなく、場所ごとにさまざまな特色がありま す。だからこそ、司祭の最たる特性は何か、他に委任しえないものとは何かの見極めが大切です。その答えは、司祭を祭司キリストに似た者とする、叙階の秘跡にあります。ですから第一の結論は、叙階において受け取るその独占的性格により、司祭のみが、感謝の祭儀を司式できるということです[125]。それは司祭に固有の、本質的で委任できない務めです。司祭が区別されるのはその権能のためであり、現に司祭は共同体の最高権威だ、そう考える人もいます。しかし聖ヨハネ・パウロ二世は、祭司職は「位階的」と捉えられているとはいえ、その奉仕職は他よりも価値があるということではなく、むしろそれは「キリストのメンバーの聖性に完全に従う[126]」のだと教えています。司祭は「頭（かしら）であるキリスト」のしるしであると言明する際の、その本質的意図は、キリストが恵みの源であるということです。キリストは教会の頭であり、それは「教会に属するすべての成員に、恵みを注ぐ力を有して[127]」いるからです。

88　司祭は、キリスト者の生活すべての源泉であり頂点である感謝の祭儀を司式する際にこそ、恵みを注いでくださる頭（かしら）であるかたのしるしなのです[128]。これこそが司祭の重大な権能であり、叙階の秘跡においてのみ受け取ることのできる司祭の権能です。だから司祭だけが「これはわたしのからだ」といえるのです。ほかにも、司祭だけがいえることばがあります。「あなたの罪をゆるします」です。秘跡によるゆるしは、ふさわしい感謝の祭儀のためにあるからです。この二つの秘跡に、司祭のみに属するアイデンティティの神髄があります[129]。

89　アマゾン特有の状況下では、とくに、熱帯雨林や辺地では、こうした司祭の役務を確保する方法を見つけなければなりません。信徒は、みことばを告げ、教え、共同体を築き、一部の秘跡を執行し、民間信心となるさまざまな流れを見いだし、聖霊が彼らに注ぐ多くのたまものを発現させることができます。それでも彼らには感謝の祭儀が必要です。感謝の祭儀が「教会をつくる[130]」からであり、わたしたちは「どのようなキリスト教共同体も、いとも聖なる感謝の祭儀の挙行に根を下ろし、それを要(かなめ)としなければ、決して自らを造り上げることはできない」[131]とまでいっているからです。わたしたちがこれをそのとおり信じているならば、アマゾンの人々から、この新たないのちの糧と、ゆるしの秘跡が奪われている状況を打破することは急務です。

90　こうした緊急の必要性から、わたしは全司教に、とくにラテンアメリカの司教に強く訴えます。「司祭召命の祈願を促すだけでなく、もっと寛大になって、宣教の召し出しを覚えた人にアマゾン地域を選ぶよう導いてください」[132]。同時に、司祭の初期養成ならびに生涯養成の組み方や内容について徹底的に見直して、司祭が、アマゾンの諸文化との対話に必要な姿勢や技量を身に着けられるようにするとよいでしょう。こうした養成はきわめて司牧的で、かつ、司祭のあわれみの愛を育てるのに資するものとなるはずです[133]。

活気あふれる共同体

91　さらにいえば、感謝の祭儀は教会の一致を表し、実現する[134]偉大な秘跡であり、「互いに、見知らぬ者、散り散りになっている者、無関心な者であったわたしたちが、一つに結ばれた者、等しい者、友となるために[135]」祝われるものです。感謝の祭儀を司式する人は、交わりを世話しなければなりません。それは貧しくなった単一性のことではなく、聖霊が共同体に注いでくださるたまものとカリスマを受け入れる、多様な豊かさをもつものです。

92　したがって、源泉であり頂点である感謝の祭儀は、そうした多種多様な豊かさが広がることを求めています。司祭は必要です。ですがそのことは、終身助祭――アマゾンではもっと大勢が必要です――、修道女、信徒自身が、通常のこととして、共同体の成長のために重要な責務を引き受け、かつ、ふさわしい同伴によって、そうした役割を果たすため成長することを妨げるものではありません。

93　ですから、感謝の祭儀を司式できる、叙階された奉仕者の存在を増やすことだけが問題なのではありません。もし、共同体に新たないのちを吹き込むことにも努めないならば、目的が非常に限定的になってしまいます。信徒のさまざまな奉仕を通した、みことばとの出会いいや、聖性の熟成を促していく必要があります。それには、聖書、教義、霊性、実践に関する準備課程と、さまざまな手段での生涯養成が含まれています。

94　アマゾンの顔をもった教会に必要なのは、成熟し、権威を付与された、信徒指導者の存在を確立することです[136]。それは、異なる土地の共同体の言語、文化、霊的経験、生活様式に通じ、かつ、聖霊が一人ひとりに蒔かれる多種多様のたまもののための場を作る存在です。固有のニーズがある場所には、聖霊がすでに、それにこたえるためのカリスマを与えてくださっているからです。それは、教会において、聖霊の大胆さに道を譲れるようになること、本来の——信徒が際立つ——教会文化の発展を信頼し、具体的に実現していけるようにすることを想定しています。アマゾンのもろもろの課題は、教会に、毛細血管のような存在になるよう、懸命に努力することを強く求めています。そしてそれは、信徒が決定的に主役となって、初めて実現することです。

95　多くの奉献生活者が、アマゾンにおける神の国のために心血を注ぎ、人生の大半をささげてきました。対話、総合、具体化、預言、それらに長ずる奉献生活には、アマゾンでの教会がこのように多様で調和的な形成をする中で、特別な役割があります。ただし、創造性、み出す新たな努力が必要です。

宣教者の大胆さ、感受性、共同体生活特有の強みを発揮する、インカルチュレーションを生み出す新たな努力が必要です。

96　基礎共同体が、社会権の擁護を、宣教のメッセージおよび霊性と統合できていたとき、それはアマゾンでの教会の福音宣教の道のりにおいて、シノドス流を真に体験する場でした。基礎共同体は幾度となく、「その多くの成員による、血を流すほどの献身をあかしするまでに、信仰に全力で生きるキリスト者、主の弟子であり宣教者を生み出す助けとなってきました[137]」。

97　アパレシーダ文書がすでに訴えていたことを確固たるものとすべく、REPAM（＝Red Eclesial Panamazónica 汎アマゾン教会ネットワーク）と他の諸団体の実施する共同作業を究めるよう励ましたいと思います。それは「アマゾン川流域を有する南米諸国内の地方教会に、ほかとは異なる優先課題に向き合う共同司牧を定着させることです[138]」。これはとくに、国境地域にある教会間の交流にいえることです。

98　最後に、安定した共同体向けの計画を考えてさえいればよいわけではないことを指摘しておきたいと思います。アマゾンでは、内部移動が激しく、多くの場合振り子のような移住が常態化しており、「その地域は事実上、移住回廊となっている」[139]からです。「アマゾンにおける季節的な移動については、司牧的観点からはよく理解されておらず、取り組みも十分ではありません」[140]。このために、巡回宣教チームを検討し、「男女の奉献生活者を動員して、もっとも貧しい人、排除されている人のもとを巡回するための支援」[141]をしなければなりません。その間、わたしたち都市の共同体には、知恵を出し、寛大さをもって、とくに都市の周縁にいる、奥地から出てきた家族や若者に寄り添い、彼らを受け入れるためのさまざまな方法を培うよう、課題が突きつけられています。

女性の強さと才能

99　アマゾンには、一人の司祭も立ち寄ることなく実に長い間——数十年にすら及ぶことも——、信仰を守り、伝えてきた、いくつもの共同体があります。それは、強く、寛大な女性たちの存在があったから可能になったことです。洗礼を施す人、カテキスタ、熱心な祈り手、宣教者、そうした、聖霊によって確かに召し出され、突き動かされた女性たちです。何百年にもわたり、女性たちは、驚くほどの献身と熱い信仰をもって、そうした場所で教会をしっかりと守り続けてきました。まさに女性たちが、シノドスにおいて、自らのあかしをもってわたしたち皆の心を揺さぶったのです。

100　そのことからわたしたちは、自分たちの教会理解を職務的構造へと矮小化しないよう、視野を広げることが求められています。そのような還元主義は、女性に教会内で地位向上と参与の促進が与えられるのは、叙階の機会が開かれる場合のみだという思い込みにつながります。ですがそうした見方は実際視野を狭めてしまい、女性聖職者を認める方向へと向かわせ、女性がすでにもたらしてくれた優れた価値を貶め、欠かすことのできない女性の貢献をひそかに削ぐことになるのです。

101　イエス・キリストはご自分を、感謝の祭儀を司式する男性の姿——唯一の祭司であるご自分のしるし——を通して共同体の花婿としておられます。花婿である主と花嫁とのこの対話は、礼拝によって高められ、共同体を聖化するものですから、教会での権能に関する偏った考えに限定してしまってはなりません。なぜなら主は、ご自分の権能と愛を、人間の二つの顔、つまり、人となられた神の御子の顔と、被造物としての女性、マリアの顔をもって、明かすことを望まれたからです。女性は、女性固有のしかたで、そして母であるマリアの強さと優しさを継続させることで、教会に貢献しています。このようにして、職務的な発想にとどまることなく、教会のむつまじい構造へと入っていきましょう。そうすればわたしたちは、なぜ、女性なしでは教会は崩壊するのかを、女性がいて、それを支え、守り、世話しなければ、どれほど多くのアマゾンの共同体が粉々に崩れ去っていただろうかを、心底理解するでしょう。ここに、女性の特徴的な権能とはいかなるものなのかが示されています。

102　今日、共同体の数々は、これまでの時代にはなかった新たな危険にさらされていますが、アマゾンにおいて、女性たちをこれほど主役にしてきた、民衆の才覚に拍手を送らずにはいられません。現在の状況がわたしたちに求めるのは、この歴史的瞬間に立つ、アマゾンの民特有の必要性にこたえる、女性の新たな奉仕やカリスマの創出を促すことです。

103　シノドス流でいく教会では、女性たち――実際に、アマゾンの共同体では中心的役割を果たしています――が、叙階を必要とせずにその固有の役割をより表せるような、教会の職務、さらには奉仕職にも就けるようにすべきです。そうした奉仕職には、安定性、公的認可、司教からの派遣が伴うよう、留意すべきです。それもまた、組織の中で、より重要な決定をする際に、あるいは共同体を導くうえで、女性が実際的・実質的な影響力をもてるようになること――ただし女性らしさが見える独自のやり方を失わず――につながります。

対立を越えて地平を広げる

104　特定の地域で、直面する問題に対し、司牧従事者らがまったく異なる解決策を思い描き、それゆえに、一見すると正反対の、教会組織のあり方を提案するのはよくあることです。そうなったとき、福音化の課題に対する真のこたえは、双方の提案をも越えたところにあり、想像もしていなかったもっとよい第三の方法が見つかるかもしれないのです。対立は、双方どちらも自身に忠実でありながら、また別の現実の中に相手とともに統合される、より高次のレベルにおいて乗り越えられます。すべては、「対立する両極がもつ豊かで有益な潜在能力そのものを維持したまま、高い次元で[142]」解決されます。そうでなければ、対立はわたししたちを閉じ込め、わたしたちは「物事を見通す力を失い、地平を制限してしまい、現実そのものが断片化されたままになります[143]」。

105　これは、問題を相対化したり、そこから逃げたり、そのまま放置することとはまったく異なります。大胆さをなえさせたり、具体的な要求から隠れたり、外部のせいにしたりしても、決して真の解決策には至りません。そうではなく、解決の糸口は、神が与えてくださる優れた才能を認識するために、視界を制限する弁証法を超え出る、「あふれ出るもの」から見えてくるのです。勇気と寛大さをもって受け取る新たな才能から、新しくより優れた創造性を呼び覚ますこの予想だにしなかった才能から、弁証法では気づきえなかった答えが、豊かな泉のようにわき出ることでしょう。キリスト教信仰はその初期に、その論理どおりに、ヘブライ文化という母胎から出発してギリシア・ローマ文化に受肉し、その過程でさまざまな様式を獲得して見事に広まりました。同じく、この歴史的瞬間にあって、アマゾンはわたしたちに、より広く大胆にインカルチュレーションする道を求めるよう、幅広い課題の一部分にのみ閉ざされたままの、限られた視野、実用主義的解決を越え出るよう迫るのです。

エキュメニカルで、宗教間の違いを超えた共生

106　多宗教のアマゾンで、わたしたちキリスト信者は、共通善のため、もっとも貧しい人の生活の向上のために、話し合い協働する場をもつ必要があります。それは、異なる考えの他者とまとまれるよう皆が軽くなることでもなく、情熱を注ぐ己の信念を隠すことでもありません。聖霊が異なるものの間で働いてくださることを信じるならば、その光明によって豊かになれるようにしてくださるはずで、しかもそれを、自らの信念とアイデンティティの奥底から受け入れることでしょう。アイデンティティがより深く、堅固で豊かであればそれだけ、その人固有の貢献によって他者を豊かにできるからです。

107　わたしたちカトリック信者には、聖書の宝があります。他の宗教が、時に関心をもって読み、中身を高く評価できたとしても、受け入れてはいない書です。わたしたちも、他の宗教や宗教的共同体の聖典、「すべての人を照らすあの真理そのものの光を反映することも決してまれではない……戒律や教理」[144]にあるものに対し、同じように試みています。わたした

ちには、一部のキリスト教共同体はその全体を受け入れない、あるいは同等の意味では受け入れていない、七つの秘跡のすばらしい宝もあります。わたしたちはイエスを、世の唯一のあがない主として固く信じていると同時に、その母への篤(あつ)い崇敬もはぐくんでいます。キリスト教の全教派がそうではないことはよく分かっていますが、それでも、その母の温かな愛の宝の受託者を自覚するわたしたちは、アマゾンにその宝を伝える義務を感じています。事実、わたしはこの勧告を、マリアに向けたことばで締めくくるつもりです。

108　こうしたことのどれもを、仲たがいの原因にしてはなりません。真の対話の精神があれば、相手のいっていること、していることを、自分の信念とすることはできないにしても、その意味を理解する力が培われます。そうすることで、誠実になり、自分の信じていることをごまかさずに、語らうこと、接点を探すこと、そして何よりも、アマゾンのためにともに働き闘うことを続けられるようになるのです。すべてのキリスト者を一つにする力には、はかりしれない価値があります。分断するものにあまりに注意を向け過ぎて、時にわたしたちは、わたしたちを一つに結ぶものを大事にしなくなったり、高く評価することをやめてしまいます。わたしたちを一つに結ぶものは、世俗性の偏在に、霊的空虚に、独善的自己本位に、浪費的で自己破壊的な個人主義に飲み込まれることなく、この世界にとどまらせます。

109　すべてのキリスト者は、わたしたちにいのちを与え、こんなにも愛してくださる、父なる神への信仰によって、一つに結ばれています。わたしたちは、イエス・キリスト、唯一のあがない主、その尊い御血と栄光に満ちた復活によってわたしたちを解放してくださったかたへの信仰によって、一つに結ばれています。歩みを導いてくださるそのかたのみことばに熱く焦がれる思いによって、一つに結ばれています。宣教へと駆り立てる聖霊の炎によって、一つに結ばれています。イエスがわたしたちに残した新たなおきてによって、一つに結ばれています。愛の文明を求めなさい、主がご自分とともに建てるよう招いておられるみ国に情熱を注ぎなさい、とのおきてです。わたしたちは、平和と正義のための闘いにおいて、一つに結ばれています。現世ですべてが尽きるのではない、そうではなく、神が涙をすべてぬぐってくださり、苦しむ人々のためにわたしたちがしてきたことを収穫してくださる天の宴(うたげ)に招かれていることへの確信によって、一つに結ばれているのです。

110　これらすべてが、わたしたちを一つにしています。なぜ、ともに闘わずにいられるでしょうか。なぜ、アマゾンの貧しい人々を守るために、主の聖なるみ顔を示し、主が創造されたものを世話するために、ともに祈り、肩を組んで働かずにいられるでしょうか。

結　び　アマゾンの母

111　いくつかの夢の分かち合いに続き、わたしは、アマゾンの現実の変革と、その地を苦しめる悪からの解放をかなえる具体的な道を進めるよう、皆さんを力づけます。ここで、マリアへと視線を上げましょう。キリストがわたしたちに与えてくださった聖母は、皆にとっての唯一の聖母ですが、アマゾンにおいてはさらにさまざまにご自分を現しておられます。わたしたちは、「先住民がさまざまなかたちでイエス・キリストと決定的に出会っていること、実に、マリアの道がその出会いに多大な貢献をなしてきた(145)」ことを知っています。シノドスの準備と会期の間、発見が尽きなかったアマゾンのすばらしさを前にして、わたしは、聖母へのことばでこの勧告を締めくくるのが最高のことだと思います。

いのちの母よ、
あなたのその母なる胎で、
生きとし生けるすべてのものの主であるイエスは、はぐくまれました。
復活したかた、主は、ご自分の光であなたを変容させ、
全被造物の元后とされました。
だからあなたに願います。マリアよ、
アマゾンの鼓動の中心で、治めてください。

花々や、多くの川、
そこを貫く大河と、
その密林の中で躍動するすべてのものの美を通して、
全被造物の母としての姿を示してください。
この美の炸裂を、あなたの優しさで守ってください。

イエスに願ってください。
そこに住むすべての人に、その愛のすべてを注いでくださるよう、
そうして彼らがその美を尊び、世話するようになるようにと。

彼らの心に、あなたの子が生まれるようにしてください。
そうしてそのかたが、アマゾンの中で、
その土地の民族と文化の中で、輝くように。
ご自分のみことばの光、愛の慰め、
兄弟愛と正義のメッセージを携えて。

感謝の祭儀ごとに、
御父に栄光を帰するため、
盛大な驚嘆がわき上がりますように。

母よ、アマゾンの貧しい人々に目を注いでください。
卑しい儲(もう)けのために、
彼らの家が壊されています。
どれほどの苦しみ、どれほどの惨めさでしょう、
どれだけ見捨てられ、どれだけ踏みつけられているでしょう、
いのちあふれる、
この祝福された地で！

権力者たちの感性に触れてください。
遅きに失したと思えても、
まだ生きているものたちを救いなさいと、
あなたはわたしたちを呼んでおられるからです。

胸を刺し貫かれた母よ、
乱暴された子らのもとで、

傷つけられた自然のもとで、苦しんでおられるかた。
御子とともに、
アマゾンを治めてください。
他の何者も、己を神のわざの支配者と思うことのないよう、
あなたが君臨してください。

いのちの母、あなたを信頼しています。
この暗闇のときに、
わたしたちを捨て置かないでください。
アーメン。

教皇在位第七年、二〇二〇年二月二日　主の奉献の祝日
ローマ、サン・ジョバンニ・イン・ラテラノ大聖堂にて

フランシスコ

注

第一章

（1）教皇フランシスコ回勅『ラウダート・シ——ともに暮らす家を大切に（二〇一五年五月二十四日）』49（*Laudato Si'*: AAS 107 [2015], 866）。

（2）『討議要綱（二〇一九年一月十七日）』45（*Instrumentum laboris*）。

（3）Ana Varela Tafur, “Timareo（だまし取られたもの）”, en *Lo que no veo en visiones*, Lima 1992.

（4）Jorge Vega Márquez, “Amazonia solitaria（孤独なアマゾン）”, en *Poesía obrera*（労働者の詩）, Cobija-Pando-Bolivia 2009, 39.

（5）汎アマゾン教会ネットワーク「シノドスへの提言集」120（Red Eclesial Panamazónica [REPAM], Brasil, *Síntesis del aporte al Sínodo*）。『討議要綱』45参照。

（6）教皇ベネディクト十六世ブラジル司牧訪問時「若者との集いでの講話（二〇〇七年五月十日）」2（*L'Osservatore Romano*, ed. semanal en lengua española [18 mayo 2007], p. 6）。

（7）Alberto C. Araújo, “Imaginario amazónico（虚構のアマゾン）”, en *Amazonia real*（現実のアマゾン）: https://amazoniareal.com.br/（二〇一四年一月二十九日）参照。

（8）聖パウロ六世回勅『ポプロールム・プログレシオ（一九六七年三月二十六日）』57（*Populorum progressio*: AAS 59 [1967], 285）。

（9）聖ヨハネ・パウロ二世「教皇庁社会科学アカデミーでの演説（二〇〇一年四月二十七日）」4（AAS 93 [2001],

600）。

（10）『討議要綱』41参照。

（11）第五回ラテンアメリカ・カリブ司教協議会総会『アパレシーダ文書（二〇〇七年六月二十九日）』473。

（12）Ramón Iribertegui, *Amazonas: El homble y el caucho*（アマゾン――人間とゴム）, ed. Vicariato Apostólico de Puerto Ayacucho – Venezuela, Monografía, n. 4, Caracas 1987, 307 ss.

（13）Amarílis Tupiassú, "Amazônia, das travessias lusitanas à literatura de até agora（アマゾン――ポルトガル人の横断から現代の文学まで）", en *Estudos Avançados*, vol. 19, n. 53, San Pablo (enero/abril 2005) 参照。「事実、初期の植民地時代が終わっても、アマゾンは、数世紀にわたり強欲の支配する地として歩み続け、今は、擬人化すら不要な「文明化」作用の詭弁で新たな負担が課せられている。それは、緩慢な死によって、過去の破壊に新たな面を生み出し増幅させるためである」。

（14）ブラジル領アマゾン司教団「神の民への書簡（サンタレン［ブラジル］、二〇一二年七月六日）」。

（15）聖ヨハネ・パウロ二世「一九九八年世界平和の日メッセージ」3（AAS 90 [1998], 150）。

（16）第三回ラテンアメリカ・カリブ司教協議会総会『プエブラ文書（一九七九年三月二十三日）』6。

（17）『討議要綱』6。教皇パウロ三世は、小勅書『ベリータス・イプサ（一五三七年六月二日）』（*Veritas ipsa*）をもって人種差別の考えを糾弾し、キリスト者か否かを問わず先住民族に対して人間の尊厳を公認することで、彼らに所有権を認め、彼らの奴隷化を禁止した。いわく、「他と同様に人間であるということにより、……かの人々から自由や、財貨の所有を剥奪するのは絶対的に許されることではない。たとえその者がイエス・キリストへの信仰をもたないとしてもそうである」。教会教導職のこの教えは、以下によって再確認される。すなわち、教皇グレゴリオ十四世大勅書『クム・シクティ（一五九一年四月二十八日）』（*Cum Sicuti*）、ウルバノ八世大勅書『コミッスム・ノビス（一六三九年四月二十二日）』（*Commissum Nobis*）、ベネディクト十四世ブラジル司教団あて大勅書『インメンサ・パストールム・プリンシピス（一七四一年十二月二十日）』（*Immensa Pastorum Principis*）、グレゴリオ十六世小勅書『イン・スプレーモ（一八三九年十二月三日）』（*In Supremo*）、レオ十三世ブラジル司教団あて書簡『奴隷制について（一八八八年五月五日）』、聖ヨハネ・パウロ二世ドミニカ共和国司牧訪問時「米大陸の先住民族へのあいさつ（サントドミンゴ、一九九二年十月十二日）」2（*L'Osservatore Romano*, ed. semanal en lengua española [23 octubre 1992], p. 15）。

（18）Frederico Benício de Sousa Costa, *Carta Pastoral* (1909), ed. Imprenta del gobierno del Estado de Amazonas, Manaos 1994, 83.

（19）『討議要綱』7。

（20）教皇フランシスコ南米三か国司牧訪問時「第二回草の根市民運動国際大会における演説（サンタクルス・デ・ラ・シエラ［ボリビア］、二〇一五年七月九日）」（*L'Osservatore Romano*, ed. semanal en lengua española [17 julio 2015], p. 9［ペトロ文庫『教皇フランシスコ講話集3』一六九頁］）。

（21）教皇フランシスコ南米二か国司牧訪問時「アマゾン住民との交流会での講話（プエルト・マルドナド［ペルー］、二〇一八年一月十九日）」（*L'Osservatore Romano*, ed. semanal en lengua española [26 enero 2018], p. 3）。

（22）『討議要綱』24。

（23）Yana Lucila Lema, *Tamyahuan Shamakupani*（雨とともに生きている）, 1, en http://siwarmayu.com/es/yana-lucila-lema-6-poemas-de-tamyawan-shamukupani-con-la-lluvia-estoy-viviendo/.

（24）エクアドル司教団「わたしたちの地球を守りましょう（二〇一二年四月二十日）」3（*Cuidemos nuestro planeta*）。
（25）教皇フランシスコ回勅『ラウダート・シ――ともに暮らす家を大切に（二〇一五年五月二十四日）』142（*Laudato Si'*: AAS 107 [2015], 904-905）。
（26）『討議要綱』82。
（27）同83。
（28）教皇フランシスコ使徒的勧告『福音の喜び（二〇一三年十一月二十四日）』239（*Evangelii gaudium*: AAS 105 [2013], 1116）。
（29）同218（AAS 105 [2013], 1110）。
（30）同。

第二章

（31）『討議要綱』57参照。
（32）Evaristo Eduardo de Miranda, *Quando o Amazonas corria para o Pacífico*（アマゾン川が太平洋に流れ出たとき）, Petrópolis [Brazil] 2007, 83-93 参照。
（33）Juan Carlos Galeano, "Paisajes（風景）", en *Amazonia y otros poemas*（アマゾンと他の詩人たち）, ed. Universidad Externado de Colombia, Bogotá 2011, 31.
（34）Javier Yglesia, "Llamado（呼びかけ）", en *Revista peruana de literatura*, N.6 [junio 2007], 31.
（35）教皇フランシスコ回勅『ラウダート・シ――ともに暮らす家を大切に（二〇一五年五月二十四日）』144（*Laudato*

Si': AAS 107 [2015], 905)。

(36) 教皇フランシスコシノドス後の使徒的勧告『キリストは生きている(二〇一九年三月二十五日)』186(*Christus vivit*)。

(37) 同200。

(38) 教皇フランシスコ「先住民族の青年大会へのビデオメッセージ(ソロイ[パナマ]、二〇一九年一月十八日)」(*L'Osservatore Romano*, ed. semanal en lengua española [15 enero 2019], p. 10)。

(39) Mario Vargas Llosa, Prólogo de *El Hablador*(語り手の序文), Madrid (8 octubre 2007).

(40) 教皇フランシスコシノドス後の使徒的勧告『キリストは生きている(二〇一九年三月二十五日)』195(*Christus vivit*)。

(41) 聖ヨハネ・パウロ二世回勅『新しい課題(一九九一年五月一日)』50(*Centesimus annus*: AAS 83 [1991], 856)。

(42) 第五回ラテンアメリカ・カリブ司教協議会総会『アパレシーダ文書(二〇〇七年六月二十九日)』473。

(43) 教皇フランシスコ南米二か国司牧訪問時「アマゾン住民との交流会での講話(プエルト・マルドナド[ペルー]、二〇一八年一月十九日)」(*L'Osservatore Romano*, ed. semanal en lengua española [26 enero 2018], p. 3)。

(44) 『討議要綱』123・e。

(45) 教皇フランシスコ回勅『ラウダート・シ——ともに暮らす家を大切に(二〇一五年五月二十四日)』144(*Laudato Si'*: AAS 107 [2015], 906)。

(46) 教皇ベネディクト十六世回勅『真理に根ざした愛（二〇〇九年六月二十九日）』51（*Caritas in veritate*: AAS 101 [2009], 687）参照。「とくに現代では、自然は、あまりにも社会と文化の力学に組み込まれていて、もはやほとんど独立した可変性を形成しなくなっています。農業地域の砂漠化と生産性の低下は、住民の貧困化と低開発の結果でもあります」。

(47) 教皇ベネディクト十六世「二〇〇七年世界平和の日メッセージ」8（*Insegnamenti* 2/2 [2006], 776）。

(48) 教皇フランシスコ回勅『ラウダート・シ――ともに暮らす家を大切に（二〇一五年五月二十四日）』16、91、117、138、240（*Laudato Si'*: AAS 107 [2015], 854, 884, 894, 903, 941）。

(49) シノドス準備報告書『ボリビア文書（二〇一九年）』36（*informe país. Consulta pre-sinodal*, 2019, p. 36）。『討議要綱』23参照。

(50) 『討議要綱』26。

(51) 教皇フランシスコ回勅『ラウダート・シ――ともに暮らす家を大切に（二〇一五年五月二十四日）』146（*Laudato Si'*: AAS 107 [2015], 906）。

(52) シノドス準備報告書『コロンビアのサンホセデルグアビアレ教区、ビジャビセンシオ・イ・グラナダ大司教区による答申』。『討議要綱』17参照。

(53) Euclides da Cunha, *Los Sertones*（奥地）, Buenos Aires 1946, 65-66（ポルトガル語原題 *Os Sertões*, São Paulo [Brazil], 1902）。

(54) Pablo Neruda, "Amazonas（アマゾン川）", en *Canto General* [1938], I, IV.

(55) 汎アマゾン教会ネットワーク、アマゾン特別シノドスのための準備文書「国境の中心軸（タバティンガ［ブラジル」、二〇一九年二月十三日)」3(*Eje de Fronteras*)。『討議要綱』8参照。

(56) Amadeu Thiago de Mello, Amazonas, *pátria da água*(アマゾン、水の故郷). Civilização Brasileira, Rio de Janeiro [Brazil], 1987.

(57) Vinicius de Moraes, "A transformação pela poesia(詩のための変容)", in: *jornal A Manhã* (Rio de Janeiro [Brazil], 1946).

(58) Juan Carlos Galeano, "Los que creyeron(信じていた人々)", en *Amazonia y otros poemas*(アマゾンとその他の詩), ed. Universidad Externado de Colombia, Bogotá [Colombia] 2011, 44.

(59) Harald Sioli, *A Amazônia*(アマゾン地域), Petrópolis, Vozes [Brazil] 1985, 60.

(60) 聖ヨハネ・パウロ二世「〝環境と健康〟に関する国際会議における講話(一九九七年三月二十四日)」2(*Insegnamenti* XX, 1 [1997], 521)。

(61) 教皇フランシスコ回勅『ラウダート・シ——ともに暮らす家を大切に(二〇一五年五月二十四日)』34(*Laudato Si'*: AAS 107 [2015], 860)。

(62) 同28—31(AAS 107 [2015], 858-859)参照。

(63) 同38(AAS 107 [2015], 862)。

(64) 第五回ラテンアメリカ・カリブ司教協議会総会『アパレシーダ文書(二〇〇七年六月二十九日)』86参照。

(65) 教皇フランシスコ回勅『ラウダート・シ——ともに暮らす家を大切に(二〇一五年五月二十四日)』38(*Laudato Si'*: AAS 107 [2015], 862)。

(66) 同144、187(AAS 107 [2015], 905-906, 921)参照。

（67）同183（AAS 107 [2015], 920）参照。

（68）同53（AAS 107 [2015], 868）。

（69）同49（AAS 107 [2015], 866）参照。

（70）シノド準備文書「アマゾニア――教会とインテグラル・エコロジーのための新たな道」8（*Amazzonia: Nuevos Caminos para la Iglesia y para una Ecología Integral*）。

（71）教皇フランシスコ回勅『ラウダート・シ――ともに暮らす家を大切に（二〇一五年五月二十四日）』56（*Laudato Si'*: AAS 107 [2015], 869）。

（72）同59（AAS 107 [2015], 870）。

（73）同33（AAS 107 [2015], 860）。

（74）同220（AAS 107 [2015], 934）。

（75）同215（AAS 107 [2015], 932）。

（76）Sui Yun, *Cantos para el mendigo y el rey*（物乞いと王のための歌）, Wiesbaden [Germany], 2000.

（77）教皇フランシスコ回勅『ラウダート・シ――ともに暮らす家を大切に（二〇一五年五月二十四日）』100（*Laudato Si'*: AAS 107 [2015], 887）。

（78）同204（AAS 107 [2015], 928）。

第四章

（79）ブラジル司教団「サンタレン文書（一九七二年）」「マナウス文書（一九九七年）」（Documentos de Santarém e

Documents de Manaus em: *Desafío missionário. Documentos da Igreja na Amazônia*, Brasilia [Brazil] 2014, 9-28, 67-84）参照。

（80）教皇フランシスコ使徒的勧告『福音の喜び（二〇一三年十一月二十四日）』220（*Evangelii gaudium*: AAS 105 [2013], 1110）。

（81）同164（AAS 105 [2013], 1088-1089）。

（82）同165（AAS 105 [2013], 1089）。

（83）同161（AAS 105 [2013], 1087）。

（84）これは、第二バチカン公会議『現代世界憲章』44（*Gaudium et spes*）で述べられていることである。「教会は、その歴史の最初から、キリストのメッセージを種々の民族の概念や言語で表現することを学び、さらに、哲学者の知恵をもってそのメッセージを解明しようと努力してきた。それは、許されるかぎり、福音をすべての人の理解力と知識人の要求とに適応させるためであった。啓示されたことばをこのように適応させて告げ知らせることは、あらゆる福音宣教の原則でなければならない。こうして初めて、すべての国においてキリストのメッセージをその国に合った方法で表現する能力が養われ、同時に、教会と諸民族の種々の文化との交流が促進される」。

（85）教皇フランシスコ「ドイツの旅する神の民への書簡（二〇一九年六月二十九日）」9（*L'Osservatore Romano*, ed. semanal en lengua española [5 julio 2019], p. 9）。

（86）レランスの聖ヴィンチェンツィオ（*Commonitorium primum*, cap.23: PL 50, 668）「年を経て統合され、時とともに敷衍（ふえん）され、時代とともに深まる（Ut annis scilicet consolidetur, dilatetur tempore, sublimetur aetate）」参照。

(87) 教皇フランシスコ「ドイツの旅する神の民への書簡(二〇一九年六月二十九日)」9(*L'Osservatore Romano*, ed. semanal en lengua española [5 julio 2019], p. 9)。グスタフ・マーラーのことばとされる「伝統とは灰の崇拝ではなく、火を守ることである」参照。

(88) 聖ヨハネ・パウロ二世ポルトガル司牧訪問時「大学教員と文化人への講話(コインブラ、一九八二年五月十五日)」5(*Insegnamenti V*, 2 [1982], 1702-1703)。

(89) 聖ヨハネ・パウロ二世ドミニカ共和国司牧訪問時「アメリカ大陸の先住民族へのあいさつ(サントドミンゴ、一九九二年十月十二日)」6(*L'Osservatore Romano*, ed. semanal en lengua española [23 octubre 1992], p. 15)。同「文化的責務を担う教会運動全国会議の参加者への講話(一九八二年一月十六日)」2(*Insegnamenti* 5/1 [1982], 131)参照。

(90) 聖ヨハネ・パウロ二世シノドス後の使徒的勧告『奉献生活(一九九六年三月二十五日)』98(*Vita consecrata*: AAS 88 [1996], 474-475)。

(91) 教皇フランシスコ使徒的勧告『福音の喜び(二〇一三年十一月二十四日)』115(*Evangelii gaudium*: AAS 105 [2013], 1068)。

(92) 同116(AAS 105 [2013], 1068)。

(93) 同。

(94) 同129(AAS 105 [2013], 1074)。

(95) 同116(AAS 105 [2013], 1068)。

(96) 同117(AAS 105 [2013], 1069)。

（97）同。
（98）聖ヨハネ・パウロ二世「教皇庁文化評議会総会における講話（一九八七年一月十七日）」5（*L'Osservatore Romano*, ed. semanal en lengua española [1 febrero 1987], p. 21）。
（99）教皇フランシスコ使徒的勧告『福音の喜び（二〇一三年十一月二十四日）』129（*Evangelii gaudium*: AAS 105 [2013], 1074）。
（100）第四回ラテンアメリカ・カリブ司教協議会連盟総会『サントドミンゴ文書（一九九二年十月十二―二十八日）』17。
（101）教皇フランシスコ『福音の喜び（二〇一三年十一月二十四日）』198（*Evangelii gaudium*: AAS 105 [2013], 1103）。
（102）Vittorio Messori - Joseph Ratzinger, *Rapporto sulla fede*, Cinisello Balsamo 1985, 211-212（吉向キエ訳、『信仰について――ラッツィンガー枢機卿との対話』ドンボスコ社、一九九三年、二六一―二六三頁）参照。
（103）教皇フランシスコ使徒的勧告『福音の喜び（二〇一三年十一月二十四日）』198（*Evangelii gaudium*: AAS 105 [2013], 1103）。
（104）Pedro Casaldáliga, "Carta de navegar (Por el Tocantins amazónico)（帆走図［アマゾンのトカンティンス州のために］）", en *El tiempo y la espera*（「時間と期待」）, Sal Terrae, Santander 1986.
（105）聖トマス・アクィナスは次のように説く。「神は三様のあり方で、もののうちに存在する。第一は万物に共通し、本質、存在、力によって存在する。第二は、聖人たちに、恵みによって存在する。第三は、唯一、キリストにおいて、一致によって存在する」（『コロサイ書註解』［*Ad Colossenses*］II, 2）。
（106）教皇フランシスコ回勅『ラウダート・シ――ともに暮らす家を大切に（二〇一五年五月二十四日）』235（*Laudato*

Sì: AAS 107 [2015], 939)。

(107) 第三回ラテンアメリカ・カリブ司教協議会連盟総会『プエブラ文書(一九七九年三月二十三日)』196。

(108) 教皇フランシスコ使徒的勧告『福音の喜び(二〇一三年十一月二十四日)』178 (*Evangelii gaudium*: AAS 105 [2013], 1094)。

(109) 第二バチカン公会議『教会憲章』11 (*Lumen gentium*)。教皇フランシスコ使徒的勧告『喜びに喜べ――現代世界における聖性(二〇一八年三月十九日)』10―11 (*Gaudete et exsultate*) 参照。

(110) ペルー領アマゾン使徒座代理区「第二回熱帯雨林地域司教総会(サンラモン[ペルー]、一九七三年十月五日)」(*Éxodo de la Iglesia en la Amazonia. Documentos pastorales de la Iglesia en la Amazonia peruana*［ペルー領アマゾン司牧文書――アマゾンにおける教会のエクソドス］, Iquitos 1976, 121)。

(111) 教皇フランシスコ『福音の喜び(二〇一三年十一月二十四日)』123 (*Evangelii gaudium*: AAS 105 [2013], 1071)。

(112) 教皇フランシスコ使徒的勧告『喜びに喜べ――現代世界における聖性(二〇一八年三月十九日)』126―127 (*Gaudete et exsultate*) 参照。

(113) 同32。

(114) 教皇フランシスコ回勅『ラウダート・シ――ともに暮らす家を大切に(二〇一五年五月二十四日)』235 (*Laudato Sì*: AAS 107 [2015], 939)。

(115) 同。

(116) 同236 (AAS 107 [2015], 940)。

(117) 同。

（118）同235（AAS 107 [2015], 939）。

（119）第二バチカン公会議『典礼憲章』37―40、65、77、81（*Sacrosanctum concilium*）参照。

（120）シノドス会期中、「アマゾン典礼」の作成も提案された。

（121）教皇フランシスコ回勅『ラウダート・シ――ともに暮らす家を大切に（二〇一五年五月二十四日）』237（*Laudato Si'*: AAS 107 [2015], 940）。

（122）教皇フランシスコシノドス後の使徒的勧告『愛のよろこび（二〇一六年三月十九日）』49（*Amoris laetitia*: AAS 108 [2016], 331）。同305（AAS 108 [2016], 436-437）参照。

（123）同296、308（AAS 108 [2016], 430-431, 438）参照。

（124）第五回ラテンアメリカ・カリブ司教協議会総会『アパレシーダ文書（二〇〇七年六月二十九日）』100・e。

（125）教皇庁教理省『サチェルドーティウム・ミニステリアーレ――感謝の祭儀の役務者に関するいくつかの問題について、カトリック教会の司教あて書簡（一九八三年八月六日）』（*Sacerdotium ministeriale*: AAS 75 [1983], 1001-1009）参照。

（126）聖ヨハネ・パウロ二世使徒的書簡『女性の尊厳と使命（一九八八年八月十五日）』27（*Mulieris Dignitatem*: AAS 80 [1988], 1718）。

（127）聖トマス・アクィナス『神学大全』（*Summa Theologiae* III, q. 8, a. 1, resp.［稲垣良典訳、『神学大全26』創文社、一九九九年、一五七頁］）。

（128）第二バチカン公会議『司祭の役務と生活に関する教令』5（*Presbyterorum ordinis*）、聖ヨハネ・パウロ二世回勅『教会にいのちを与える聖体（二〇〇三年四月十七日）』22（*Ecclesia de Eucharistia*: AAS 95 [2003], 448）参照。

(129) 病者の塗油を執行することもまた、司祭に固有のものである。それには、罪のゆるしが深くかかわっているからである。「その人が罪を犯したのであれば、主がゆるしてくださいます」(ヤコブ5・15)。

(130) 『カトリック教会のカテキズム』1396、聖ヨハネ・パウロ二世回勅『教会にいのちを与える聖体(二〇〇三年四月十七日)』26(*Ecclesia de Eucharistia*: AAS 95 [2003], 451)。Henri de Lubac, *Méditation sur l'Église*(教会に関する考察), Paris 1968, 101 参照。

(131) 第二バチカン公会議『司祭の役務と生活に関する教令』6(*Presbyterorum ordinis*)。

(132) 注意を引くのは、アマゾン川流域には、アマゾン地域でその代理区を助けるよりも、欧州や米国を目指す宣教者が多い国もあるということである。

(133) シノドスでは、先住民族の司祭養成のための神学校不足も取り上げられた。

(134) 第二バチカン公会議『教会憲章』3(*Lumen gentium*)参照。

(135) 聖パウロ六世「キリストの聖体の祭日のミサ説教(一九六五年六月十七日)」(*Insegnamenti* 3 [1965], 358)。

(136) 司祭不足を理由に、司教が「小教区司牧を配慮するにあたって、助祭もしくは司祭の霊的しるしを刻まれていない者または共同体に」(教会法第五一七条第二項)委託することは可能である。

(137) 第五回ラテンアメリカ・カリブ司教協議会総会『アパレシーダ文書(二〇〇七年六月二十九日)』178。

(138) 同475。

(139) 『討議要綱』65。

(140) 同63。

(141) 同129・d・2。

（142）教皇フランシスコ使徒的勧告『福音の喜び（二〇一三年十一月二十四日）』228（*Evangelii gaudium*: AAS 105 [2013], 1113）。

（143）同226（AAS 105 [2013], 1112）。

（144）第二バチカン公会議『キリスト教以外の諸宗教に対する教会の態度についての宣言』2（*Nostra aetate*）。

結び

（145）CELAM（ラテンアメリカ司教協議会連盟）「インディア神学に関する第三回ラテンアメリカシンポジウム（グアテマラ市、二〇〇六年十月二十三―二十七日）」。

略号

AAS　*Acta Apostolicae Sedis*

PL　*Patrologia Latina*

聖書の引用は原則として日本聖書協会『聖書　新共同訳』（二〇〇〇年版）を使用しました。ただし、漢字・仮名の表記は本文に合わせています。その他の訳文の引用に関しては出典を示していますが、引用に際し、一部表現や用字を変更した箇所があります。

あとがき

教皇フランシスコの五つ目となる使徒的勧告 *Querida Amazonia* の邦訳をお届けいたします。

本使徒的勧告は、二〇一九年十月六日から二十七日にかけ「アマゾン、教会と総合的（インテグラル）なエコロジーのための新たな歩み」をテーマにバチカンで開催された、アマゾン周辺地域のための特別シノドス（世界代表司教会議）によってまとめられた最終文書を受け起稿されたもので、二〇二〇年二月に公布されました。

シノドスで定義されたアマゾン地域とは、ブラジル、ボリビア、ペルー、エクアドル、コロンビア、ベネズエラ、ガイアナ、スリナム、フランス領ギアナの九か国にわたる、七八〇万平方キロメートルもの広大な土地で、そのうちの七割近くを熱帯雨林が占めています。地球上の酸素の二〇パーセントを生み出すといわれるこの森林は、別名「地球の肺」とも呼ばれています。

現在この熱帯雨林が、重大な危機に瀕しています。ブラジルの国立宇宙研究所によれば、二〇一九年八月から二〇二〇年七月までの一年間で、九、二〇〇平方キロメートル以上もの森林が、火災によって破壊されました。もともとアマゾンでは、夏の乾期には火災が少なくはないのですが、これはそうした単純な理由で片づけられる程度の被害ではありません。環境を軽視した経済政策、開発のための違法な野焼き行為などがその原因であるといわれていますが、ブラジルのボルソナーロ大統領は、二〇一九年に開催された国連気候サミットでのビデオ演説で、森林火災の報道はでっちあげだとメディアを激しく非難しました。ここで詳細な分析ができるわけではありませんが、いずれにせよ、当該地域のみならず世界規模での経済の問題が深くかかわっているのは確かなことでしょう。

教皇はこの勧告を「神の民と、善意あるすべての人へ」あてています。アマゾンの民族、文化、経済、自然についての諸問題は、当然のことながらその地域に住む人々だけに解決が求められることがらではありません。その豊かさの恵みを受けている、そしてある場合にはそこから搾取している、北半球の先進国を中心としたあらゆる国の人々が、自らの問題として取り扱わなければならないものです。

そうしたことを踏まえ、回勅『ラウダート・シ』で示されたいくつかの課題についての考察が再び展開されます。教皇は、「あらゆるものはつながっている」という同回勅において繰り返された重要なメッセージが、アマゾンの地域にはとくに当てはまるのだと述べています（41）。ですから、国家や企業の姿勢だけでなく、わたしたち一人ひとりの日常の営み、そのあり方もアマゾンの問題につながっている、そう表現したとしても、それは決して誇張ではないのです。

アマゾンで起きていることを自らの問題として捉える、そのきっかけとなるべく、本書が多くの読者を得ることを願ってやみません。本邦訳がその役割を果たせればと思っております。

最後に、シノドスによってまとめられた最終文書についてお断りいたします。

これまで、地域シノドス（たとえば教皇ヨハネ・パウロ二世在位時の大陸別シノドスなど）については、日本に直接関係するものを除き、その関連文書類の訳出は行ってきませんでした。ですが、先に記したとおり、善意あるすべての人にあてられたものとして、本使徒的勧告については邦訳を刊行することといたしました。しかし、シノドス教父（シノドスに参加した司教）からの教皇への提言である最終文書に関しては、今のところ邦訳刊行の予定はありません。教皇が重複を避け「最終文書からの引用は控えました」（3）と断っている以上、不満に思われる読者も多いことと思います。しかし、今後も重要な文書の刊行予定が詰まっているため、これを手掛けるのは難しいというのが現状です。なにとぞご理解のほど、お願い申し上げます。

なお、聖座のウェブサイトではこの最終文書を、英語、スペイン語、フランス語、イタリア語、ポルトガル語で読むことができます（http://www.vatican.va/roman_curia/synod/index.htm）。そちらをご参照いただければ幸いです。

末尾になりましたが、訳文について、スペイン語原文からの監修を引き受けてくださり、校正紙の余白がすべて埋まってしまうほどの数々の貴重な助言をくださった、セルヴィ・エヴァンジェリーの西村桃子さんに心から感謝申し上げます。文学的ともいえる面もある本使徒的勧告には、原文のニュアンスが把握しにくい微妙な表現が多く、最後の最後まで大いに助けていただきました。

二〇二〇年十二月

カトリック中央協議会出版部

ADHORTATIO APOSTOLICA
POST-SYNODALIS

QUERIDA AMAZONIA

Libreria Editrice Vaticana Ⓒ 2020

使徒的勧告　愛するアマゾン

2021年2月2日 発行　　日本カトリック司教協議会認可

著　者　教皇フランシスコ
訳　者　カトリック中央協議会事務局
発　行　カトリック中央協議会
〒135-8585 東京都江東区潮見2-10-10 日本カトリック会館内
☎03-5632-4411(代表)、03-5632-4429(出版部)
https://www.cbcj.catholic.jp/

印 刷　株式会社精興社

定価はカバーに表示してあります　　ISBN978-4-87750-228-7 C0016

乱丁本・落丁本は、弊協議会出版部あてにお送りください
弊協議会送料負担にてお取り替えいたします

教皇フランシスコ公文書　既刊

使徒的勧告　喜びに喜べ

現代世界における聖性

GAUDETE ET EXSULTATE

主からすべてのキリスト者へと向けられた、聖性への招きの考察。秘跡、犠牲、信心業といった、過去の多くの書で説かれる聖化の手段を反復するのではなく、一人ひとりが日常生活の中で、神と隣人への愛によって歩む聖性の道を説く。「小さなことにも心を配るように」と弟子に教えられたイエスに倣う実践への招き。

教皇フランシスコ公文書　既刊

回勅　ラウダート・シ

ともに暮らす家を大切に

LAUDATO SI'

大気、海洋、河川、土壌の汚染、生物多様性の喪失、森林破壊、温暖化、砂漠化、山積された廃棄物……。人間の活動が他者と全被造物とに与える影響に関する、連帯と正義の観点からの考察。しわ寄せを被る開発途上国と将来世代に対し、担うべき責任とは何かを問う。環境問題解決に向けた積極的取り組みへの決意の表明。

教皇フランシスコ公文書　既刊

使徒的勧告　福音の喜び

EVANGELII GAUDIUM

共同体、聖職者、そしてすべての信者に対し、自分自身の殻に閉じこもることなく外へと出向いて行き、弱い立場にある人、苦しむ人、貧しい人、すべての人に福音を伝えるよう強く促す。「熱意と活力に満ちた宣教の新しい段階」への歩みを望む教皇の思いが力強く表現された、愛と希望と励ましに満ちた使徒的勧告。